基层管理秘籍

张晨 著

中华工商联合出版社

图书在版编目（CIP）数据

基层管理秘籍 / 张晨著 . -- 北京：中华工商联合出版社, 2024. 10. -- ISBN 978-7-5158-4127-4

Ⅰ . F272

中国国家版本馆 CIP 数据核字第 20247PX378 号

基层管理秘籍

作　　者：	张　晨
出 品 人：	刘　刚
责任编辑：	吴建新
装帧设计：	臻　晨
责任审读：	付德华
责任印制：	陈德松
出版发行：	中华工商联合出版社有限责任公司
印　　刷：	山东博雅彩印有限公司
版　　次：	2024 年 10 月第 1 版
印　　次：	2025 年 1 月第 1 次印刷
开　　本：	710mm×1000mm　1/16
字　　数：	99 千字
印　　张：	10
书　　号：	ISBN 978-7-5158-4127-4
定　　价：	59.80 元

服务热线：010-58301130-0（前台）
销售热线：010-58302977（网店部）
　　　　　010-58302166（门店部）
　　　　　010-58302837（馆配部、新媒体部）
　　　　　010-58302813（团购部）
地址邮编：北京市西城区西环广场 A 座
　　　　　19-20 层，100044
　　　　　http://www.chgslcbs.cn
投稿热线：010-58302907（总编室）
投稿邮箱：1621239583@qq.com

工商联版图书
版权所有　盗版必究

凡本社图书出现印装质量问题，
请与印务部联系。

联系电话：010-58302915

前言

对于领导来说，领导力非常重要。

在这个充满挑战和机遇的时代，领导力已经不再是一个简单的概念。它已经演变成了一个多维度、多层次、多方位的概念。领导力不仅仅是一种能力，更是一种责任。它是一种能力，因为它直接影响到团队和组织的成功与否；它是一种责任，因为它直接关系到团队成员的成长和发展。

领导力的艺术性主要体现在领导者对人的理解、对情感的把握以及创造力的运用上。这是一种非常微妙而又复杂的能力。它需要领导者具备敏锐的观察力，能够准确地捕捉到团队成员的情绪变化，理解他们的需求和动机。同时，也需要领导者具备丰富的想象力和创造力，能够用富有魅力的方式激励和影响他人。

科学性是领导力的另一个重要维度。这主要体现在领导者对数据的敏感度，对事实的尊重以及对逻辑的严谨。这是一种理性而又冷静的能力。它需要领导者具备强大的分析能力，能够从海量的数据中提取出有价值的信息，作出明智的决策。同时，它也要求领导者具备严谨的逻辑思考能力，能够在复杂的情况下保持清晰的头脑，作出正确的判断。

基层管理秘籍

在现代管理实践中，技术已经成为领导力不可或缺的一部分。这主要体现在领导者对各种管理工具和系统的熟练运用上。这是一种技术性能力，它需要领导者具备良好的学习能力，能够快速地掌握新的技术和工具。同时，它也要求领导者具备良好的操作能力，能够熟练地使用这些技术和工具来提高工作效率，优化流程。

简而言之，领导力既是一门艺术，又是一种科学，更是一种技术。优秀的领导者需要在情感、知识和实践上不断提升自己，不断探索和创新，才能在竞争激烈的商业环境中脱颖而出，引领团队取得成功。只有将领导力视为艺术、科学和技术的完美结合，才能成为一位卓越的领导者，影响和改变周围的世界。

然而，领导力并非一朝一夕就能拥有，它更多是一个人的综合能力，需要不断地练习和磨炼。而且在这个快速变化的世界中，将会有越来越多的年轻人担任领导者的角色。领导者的平均年龄有所下降，对于很多刚刚晋升的领导来说，如何快速站稳脚跟并以此为基础向前发展，就成了一个迫在眉睫的问题。

本书的出现，便是为了应对这样一种需求。本书共分为八个章节，每个章节对应不同的维度，通过阅读本书的内容，将使你从一个普通员工成长为一位成熟的领导。

第一章着重探讨领导者思维模式的转变。我们将认识到，真正的领导者关注的不仅是完成任务，还有任务如何促进组织目标的实现。通过小张和小刘的故事，我们了解到领导者应如何将公司愿景和战略转化为具体行动，并在团队中发挥"1+1＞2"的协同效应。

前言

第二章强调了领导力的培养和领导魅力的重要性。在本章将会指出，领导力虽不可一蹴而就，但领导魅力却可以通过实践和学习迅速提升。通过实例和策略，我们可以快速领悟如何在短时间内建立信任、激发团队潜力，并成为团队中不可或缺的核心人物。

第二章揭示了有效沟通在领导中的核心作用。我们将会了解到，倾听比表达更为关键，管理者应通过倾听来建立深厚的信任和认同。通过乔·吉拉德的故事，我们认识到了倾听的力量，以及它在建立人际关系中的重要性。

第四章讨论了如何培养得力助手、激励团队以及合理分配任务。本章强调在资源有限的情况下，如何通过非物质激励手段激发团队的潜力，并通过合理的任务分配和监督确保团队目标的实现。

第五章介绍了"三管五带七抓"的管理策略。这是一种全面而细致的管理方法，涵盖了市场开拓、产品质量、客户服务等关键环节，从而确保组织运作的高效性和目标的明确性。

第六章为新晋领导提供了进阶指南，强调了执行力的重要性，并提出了"一次只解决一件事"等方法来提高工作效率。同时，本章也探讨了如何通过授权来提升团队的自主性和积极性。

第七章提醒新晋领导在职场中应避免的陷阱，如背后议论他人、乱开玩笑、与领导称兄道弟等行为。

第八章聚焦于领导者的职场成长智慧，探讨了从管理者向领导者转变的过程。本章提出了从专才到通才、从被动到主动、从跟随标准到制定标准的转变，为领导者提供了走向更大成功的路径。

本书不仅针对的是初入管理岗位的基层管理者们，同时也适用于那些寻求进一步提升管理技能的资深管理者。无论是在学校、企业还是其他类型的组织机构中担任管理角色的朋友，都能从中找到适合自己的管理智慧和实践指南。

在管理岗位上，希望每一位读者都能找到自己的方向，学会如何在变化莫测的职场环境中，成为一名真正的领导者。

目　　录

第一章　小领导，大智慧：管理艺术的心法

1. 什么是领导者最重要的转变 /2

2. 事必躬亲的领导一定很吃力 /6

3. 与下属打成一片真的好吗 /9

4. 曾经的同事，现在的下属，该如何相处 /12

5. 不能承担责任的领导不是好领导 /16

第二章　从零到英雄：小领导的快速成长指南

1. 没有领导力，可以先培养领导魅力 /21

2. 从职工到经理，你需要做这些事 /25

3. 切忌出现角色错位 /30

4. 培养属于自己的领导风格 /34

第三章　沟通破冰者：让你的沟通游刃有余

1. 懂比爱更重要 /42

2. 将嘴巴闭起来，将耳朵竖起来 /45

3. 如何与上级沟通 /49

4. 学会判断哪些是"真话" /54

第四章　团队管理：不仅要有人才，还要提升战斗力

1. 如何培养自己的得力助手 /59

2. 手里没钱，怎么激励团队 /62

3. 给下属布置任务时需要注意什么 /65

4. 面试时，领导如何辨别好员工 /69

第五章 团队灵魂：一支高效团队是如何练成的

1. 三管五带七抓，业绩提升立竿见影 /73

2. 科学分配任务，下放权力要找对人 /76

3. 授权与控权，关键在于平衡 /78

4. 给团队吃草就是羊，给团队吃肉那就是狼 /81

5. 公平考核，让每一个下属放心 /83

6. 以贡献论报酬的公正原则 /88

7. 开会技巧：好的开头，会议就成功了一半 /90

第六章 团队中的领航者：一点就通的进阶指南

1. 新晋领导的五重身份 /96

2. 摆脱越忙越乱的小妙招 /101

3. 让下属更忠心于你的方法 /104

4. 授权时，你需要避免三点 /106

5. 小团体搞分裂的解决办法 /110

基层管理秘籍

第七章　如履薄冰：新晋领导千万要注意

1. 切忌背后议论他人 /114

2. 切忌乱开玩笑 /117

3. 切忌与领导称兄道弟 /121

4. 切忌打小报告 /125

5. 切忌过于实在 /129

第八章　职场进阶：小领导的晋升智慧

1. 从管理者向领导者实现转变 /133

2. 狐狸和刺猬，谁更拥有大智慧 /137

3. 加强你的战略思维 /140

4. 打造核心竞争力，让你无可替代 /145

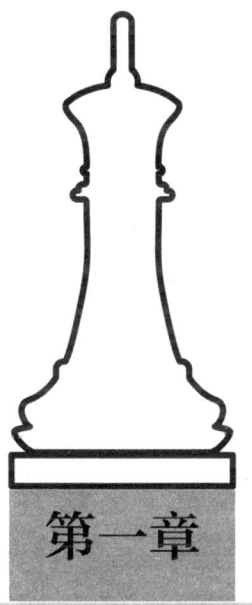

第一章

小领导，大智慧：管理艺术的心法

1. 什么是领导者最重要的转变

首先问你一个问题，你觉得普通员工和领导之间的区别在哪儿？

是因为他们的薪资水平不同吗？是因为他们的职位有高低之分，又或者是他们承担的职责有所区别？

确实，这些方面都存在差异，但它们并不是最核心的区别。真正将普通员工与领导区分开来的，是他们的思维模式。

简单来讲，普通员工对任务负责，而领导则对目标负责。

普通员工通常以完成具体任务为主要工作目标，他们关注的是如何高效、准确地执行分配给他们的工作。

相比之下，领导则更多地以实现组织或团队的整体目标为导向。他们不仅关注任务的完成，更重视这些任务如何促进组织目标的实现。

从普通员工晋升为领导，首先要做的就是思维模式的转变。你不能只盯着具体的任务，还要看到公司的目标。当然，这么说并不意味着领导不需要关注具体的任务，而是要有更广阔的视野与格局。

为了能很好地理解这一点，我们不妨来看一个例子。

小张是一家公司的销售人员，工作的时候非常勤奋努力，最终，他的勤奋与努力为他带来了回报——他很快就升为销售经理，管理着一支

第一章　小领导，大智慧：管理艺术的心法

八个人的团队。

小张的底薪与职位获得了提升，这是理所当然的。由于小张之前并没有当过领导，也没有看过这方面的书，因此在这方面的知识与技能有些欠缺。他认为，销售经理和销售人员并没有什么实质性区别。他每天都和下属一样，出去拜访客户，或者在公司里打电话。团队中的成员有人遇到麻烦了，比如，遇到难缠的客户时不知该如何是好，小张每次都能及时出现，并帮助员工解决问题，好几次都是自己直接上阵，将下属说走的客户重新拉回来。他总是向下属传达这么一种思想：我和你们一样，也都身处销售的第一线，我能完成，你们也一定能完成。

很快，小张获得了下属一致的喜爱，正当小张为此感到沾沾自喜的时候，销售总监找他谈话，并很遗憾地告诉他，经过一段时间的观察，公司发现他并不适合当领导，于是提拔他的下属小刘顶替他的位置，而小张则又重新回到普通销售人员的岗位。

小刘当上经理之后，给每位下属都安排了具体的任务。每周一早上，团队聚在一起开会，并在电脑上上传这一周的任务，每周五晚上再开一次会，总结一周的成果与经验（小张当经理的时候，开会都是不固定的）。当下属遇到麻烦的时候，小刘并不会帮他去跟客户聊，而是给下属一些建议，让他们自己先去试着解决。如果实在解决不了，他会安排其他下属协助。对于不同的下属，他分配的指标也不一样，如果有人上个月超额完成了指标，那么这个月，他的指标就会比上一个月高一些，反之则基本持平。

小张百思不得其解，不知道自己的问题出在了哪里。

其实，小张并没有领导思维。一个合格的领导者，无论是公司高管

基层管理秘籍

还是基层领导,都需要具备更高层次的眼光。他不仅要看到下属需要什么,还要能看到公司(老板与上级领导)需要什么。

公司提拔小张为经理,并不是让小张成为一个拿着比普通员工薪酬高的"高级员工",而是希望小张能带领团队,完成公司下达的目标。

比如,简单来看,公司今年的目标是销售额突破3000万元,平均来算,每个月的销售额至少要达到250万元。假设小张公司有五个销售团队,那么分配到每一个团队的指标就是50万元。小张团队有八个人,那么每个人就是6.25万元。

小张的做法是让自己成为一名高级员工,让自己也背上了一些任务指标。他的思维还停留在"1+1=2"上面。而小刘则不同,他的做法是统筹整个团队,甚至有的时候,会将自己手上的客户交给下属去拜访,自己则去对付那些难啃的"骨头"。他的思维是"1+1＞2"。或者换种说法,小张带领的团队是九个员工,小刘带领的团队是一个领导加八个员工。

一个合格的领导者,必须要能把公司的愿景和战略转化和分解为部门、班组层面的具体任务和目标。这样做既帮助自己管理下属,也帮助他约束自我。

领导带领团队为公司创造价值,相当于将军带领士兵出去打仗。赢是目标,但要怎么赢,每位士兵具体要怎么做,就需要管理层将目标一层一层拆解成任务指标并分配到自己的下一层。

在激烈的两军对战中,任务的明确下达对于每个士兵来说至关重要。胜利不仅依赖于将帅的谋略,还依赖于士卒的冲锋陷阵。从中国古代治军之道可以看出,军队需要将战略目标分解为简单明了的任务,以确保全军协同作战。

第一章 小领导，大智慧：管理艺术的心法

以"大秦帝国"为例，其规定士兵需带回敌军首级作为邀功受奖的标准。这虽然很残酷，但在你死我活的战争中，却是实现战略目标的有效方法。秦国军队因此发挥出强大的战斗力，被称为"虎狼之师"。

秦国的任务管理方式虽无情，但有效。它基于耕战体制：士兵立功后，其家庭可获得更多、更好的土地。这种体制下，战场表现与全家利益和地位紧密相关，激发了士兵的战斗意志。

拆解任务是秦国军队所向披靡的关键之一。他们通过将战略目标细化为具体可执行的任务，使得每个士兵都能够清晰地知道自己的责任和目标。这种拆解任务的方式不仅提高了效率，还增强了士兵们对任务的理解度和认同感。

在拆解任务的过程中，秦国军队注重细节和精确性。他们将战略目标分解为一系列具体的小目标，并为每个目标设定明确的时间节点和完成标准。这样的做法使得整个军队能够有序地推进战斗进程，避免了混乱和延误。

同时，秦国军队还建立了有效的激励机制来鼓励士兵完成任务。除了给予物质奖励，他们还通过晋升和赐予荣誉等方式来激励士兵。这种激励机制不仅提高了士兵们的积极性和战斗力，还增强了他们对任务的责任感和使命感。

无论是什么级别的领导，在整个公司里面都相当于一个"翻译器"，将上一级分配下来的目标进一步拆解成更细碎的任务，并分配给各个下属。

如果你也是刚刚走向管理岗位的领导者，请注意，你现在要开始对团队目标负责。

2. 事必躬亲的领导一定很吃力

很多人在刚刚调整至领导岗位的时候都想过要一展宏图，好好做出一番事业给提拔自己的领导和同事们看，为的是证明自己确实是一个有能力的人。

这种初心是好的，但往往会让结果变得很糟糕。正如英国政治学家弗里德里希·奥古斯特·冯·哈耶克所言："通往地狱的道路，往往是善意铺就的。"

为什么会出现这样的情况呢？

因为很多新晋领导者为了证明自己的能力，往往会在一开始的时候就将自己当成"高级打工人"，事必躬亲。

正如上一节所说，思维转变不过来，那么无论自身多么努力，最终的结果也只会是南辕北辙。

三国时期，诸葛亮与司马懿是一对死对头。当两军僵持不下的时候，诸葛亮派使者前来司马懿的军营下战书。司马懿觉得这是一个好机会，没有向使者询问军事信息，而是装作一副关心的样子问："你们丞相的身体，近来可好？睡眠如何？饮食如何？"

使者也不是一个聪明人，听不出司马懿的弦外之音，于是认认真真地回复道:"我们的丞相事必躬亲,早起晚睡,每天只吃一点儿饭。"

听使者这么说,司马懿的心中便有数了。对于诸葛亮这样的领军将帅,如果凡事都事必躬亲,那么最终会将自己的身体拖垮。待使者走后,司马懿拍手笑道:"我看诸葛亮时日无多,我们不必等太久。"

众将好奇,问他如何得知。司马懿说:"军营事务如此繁杂,诸葛亮又事必躬亲,却吃得这么少,就算现在没病,也会被累病的。"

果不其然,到了八月,诸葛亮就因劳累过度而病倒了,而且病得很重。

有人可能会质疑,诸葛亮是蜀汉朝中一人之下万人之上的领导者,对于这样的大领导,的确不能事必躬亲,应该充分放权给手下的人,但对于一些小领导或基层领导来说,这个原则并不适用吧?因为基层领导并没有多少能够下放的权力。如果自己不做事,而是指挥手下的人,那么在上级领导看来,难道不会被视为玩忽职守吗?

其实,有关领导的底层逻辑,本质上是一样的,无论是对于高层领导还是基层领导来说,都没有本质的区别。

回到领导的核心,让我们站在公司的角度思考一下,如果你是公司的老板,你会觉得提拔一个人成为领导,是为了让他给公司创造简单的线性增长吗?

简单解释一下什么是线性增长。比如,你是一名员工,工资是每个月5000元,假如你为公司创造的利润可以量化,平均下来是每个月两万元。你现在升为部门领导,工资涨到了每个月一万元,比过去增长了一倍,难道你为公司创造的利润是每个月四万元吗?

如果是这样的话,那么本质上,你并没有给公司带来额外的收益。

基层管理秘籍

因此，领导的核心是为公司创造指数增长的收益。

因此，事必躬亲并不是公司希望你做的，因为这样你不仅为公司创造不了额外的价值，反而会抢夺了原本属于员工的工作。

事必躬亲累到自己倒是一件小事，其背后还隐藏着看不见的危险。

你的下属不仅是公司的员工，更是你的盟友、你的小伙伴，如果你像一个大家长一样将什么"疑难杂症"都给包了，那么下属就失去了成长的机会，他们的能力只能原地踏步，甚至倒退。这对你自身来讲，也是很不利的。

可能有人会说了，这不挺好的吗？这样的话，自己的能力在"事必躬亲"中得到了成长，下属也没有锻炼的机会，就不会威胁到自身的地位了。这难道不是对自己有利的吗？

首先，时代在发展，也一直在进步，过去传统的"教会徒弟，饿死师父"的情况在如今的职场上越来越少见。

其次，人才是流动的，下属如果觉得在你这里没有锻炼的机会，他们可以离职，离开这家公司之后又是"一条好汉"，而你为了保住自己的位置不受威胁，不仅累坏了自己，反而让公司对你产生不利的想法。若是你离开了公司，去了另一家公司，很可能也是从基层员工做起。到时，你还能不能升为领导，都未可知。

最后，这种想法是典型的捡了芝麻丢了西瓜的短视行为。一个处处防着别人的领导，绝不可能在领导之位上坐得太久，因为当今社会是一个合作大于竞争的社会，是一个共同向前进步的世界。

当然，这种想法也是"用战术上的勤奋来掩盖战略上的懒惰"的无知做法。你的下属如果得不到成长，你觉得你的位置还能坐多久呢？

第一章 小领导，大智慧：管理艺术的心法

诚然，当我们回顾三国历史，会发现蜀汉发展到后期，人才凋敝，竟产生了"蜀中无大将，廖化作先锋"的俗语流传于世。反观曹魏，无论是前期还是后期，他们的人才就像是流水一般源源不断。

蜀汉地广人稀，占据的地盘是三国中最少的，但与其屈指可数的人才数量显然也不对称。难道说蜀汉真的没有人才吗？显然不是，而是诸葛亮事必躬亲，很多人才都得不到充分的发展与锻炼，直到诸葛亮去世后，留下来的班子也并没有多少新鲜血液补充进来，更是加剧了蜀汉政权的人才短缺。

诸葛亮是无心的，但结果却是严重的。

所以，你现在还觉得事必躬亲是一件值得骄傲的事吗？

3.与下属打成一片真的好吗

很多新任职的领导在刚上任的时候，为了展现出自己"亲民"的形象，会刻意与下属们打成一片，一起吃饭一起出差，甚至一起称兄道弟。他们以为这样可以赢得下属的拥护与爱戴，让自己今后的领导之路越走越长，越走越远。

其实，这种做法是有害的。

古希腊军队曾有这样一条规定：军官和士兵不能在同一个澡堂中洗澡，为什么呢？因为如果军官同士兵在一个澡堂中洗澡，军队的等级制

基层管理秘籍

度就荡然无存了,军官在士兵中的那种威严、威信就会大打折扣。普通士兵们会认为,脱了衣服咱们都一样,凭什么你来领导我?

显而易见,领导者与普通员工应该保持一定的距离。当然,笔者这里并不是说要故意装出一副让别人高攀不起的高冷样子。与下属之间的关系,该维护还是得维护,该沟通还是得沟通,该关心还是得关心。只不过,要把握好里面的度。

首先,我们需要明白,领导者与下属打成一片可能会引发其他员工的不满和嫉妒。这种情况可能导致团队内部出现矛盾和冲突,从而影响团队的凝聚力和向心力。因此,在与下属建立良好关系的同时,领导者也应注意平衡与其他员工的关系,以避免给团队带来不必要的困扰。

此外,这也会让下属产生过高的期望值。当领导者无法满足这些期望时,下属可能会感到失望和沮丧,甚至对领导者的能力和诚信产生怀疑。这对领导者的形象和团队的发展都是不利的。因此,领导者在与下属建立良好关系时,应谨慎处理下属的期望值,确保他们的期望与实际情况相符。这样可以避免因无法满足期望而引发的负面影响。

其次,领导者也应意识到与部分下属打成一片可能会让其他员工感到压力和不安。其他员工可能会感到被忽视或排除在外,这可能导致他们对领导者和团队产生不满和不信任。为了避免这种情况,领导者应努力平衡与所有员工的关系,确保每个人都感到被重视和尊重。

最后,领导者与下属打成一片也可能会影响领导者的权威性和决策能力。如果领导者过于亲近下属,可能会导致他们在作出决策时受到过多的影响和干扰,从而影响团队的发展方向和效率。因此,领导者应保持一定的距离和独立性,以确保能够作出客观、公正的决策,为团队的

第一章 小领导，大智慧：管理艺术的心法

发展提供正确的指导。

除了以上原因，还有一个点需要注意。因为很多领导之所以会与下属们打成一片，完全是因为自己的思维与认知。他们以为，在职场上，与下属们建立友好关系可以让自己在公司里拥有更好的人缘，甚至在以后晋升的时候能够获得更多的支持与机会。这种情况多发生在一些具有理想主义的年轻管理者身上。

随着商业社会的不断发展，越来越多的人在很年轻的时候就成为部门的小领导。他们经验不足，还带着以前的思维看职场。

大部分具有丰富职场经验的人都应该能明白一个道理：职场里要看交情，但不能只看交情。

在学校的时候，你和同学之间的关系并没有牵扯到过多的利益关系，因此你们的关系是纯粹的，是可以知无不言，言无不尽的，是可以向对方敞开心扉的。

但职场就不再适用这个逻辑，在职场上，大家更看重的是能力。

因此，你以为和下属们打成一片是一种"亲民"形象，其实却是一种本末倒置的做法。一个领导者真正让人信服、让属下跟随或支持的最重要因素是能力，是能带领团队完成项目。有肉吃，能实现理想，下属才会跟随；没有肉吃，不能实现理想，哪怕你对他们再好，下属与你也会渐生嫌隙，最终远离。

在职场中，真正能够让人信服的，是能力。苹果创始人史蒂夫·乔布斯的性格有些乖张，在对待下属的时候往往过于刻薄，他是一个完美主义者。他有时痛斥下属，并非因为他们的任务完成得不好，而是因为还不够完美。除非让乔布斯赏心悦目，否则，没有什么细节可以小到让

11

乔布斯忽略。他与下属之间的关系经常剑拔弩张，甚至责骂下属。乔布斯一直非常信赖的助理加财务负责人苏珊也说过："他的脾气说来就来，但散的也快，习惯了就好。乔布斯在电话那边破口大骂的时候，我在电话这边就想，一会儿要不要去沃尔玛买点儿零食呢？"

但奇怪的是，就是这样一个被人们称为"暴君"的人，很多下属却仍然心甘情愿地跟着他，因为乔布斯的个人能力和个人魅力是超乎寻常的。再者，跟着乔布斯，能实现自己的理想，收入也更高。

当然，笔者这里也不是让各位学习乔布斯身上的这种完美主义倾向或"暴君"气息，只是希望各位能够明白，不要为了所谓的"亲民"而刻意与下属们打成一片，这不是一种明智的做法。

一个卓越的领导者，要能够带着下属们一起追求更高目标。

4. 曾经的同事，现在的下属，该如何相处

请试着想象一下，就在上个星期，你还是公司里的一名普通的员工，因为你兢兢业业，终于在这几天升职成为一个小领导。诚然，升迁是一件值得庆贺的事，你的同事们都跑来祝贺你。但是隐隐约约，你觉得有些不对劲。曾经的平级同事，现在都成了你的下属。你或许也会有些尴尬，有些之前的"兄弟"刻意与你拉开了距离，有的下属因为之前跟你关系较好，因此在和你说话的时候显得有些"没大没小"，甚至不

第一章 小领导，大智慧：管理艺术的心法

把你的话当回事。

这是很多刚刚晋升的领导都需要面对的一个现实问题，这个时候，你可能会想，和曾经的同事们，还能保持原来的友谊吗？

因此，在刚晋升的时候，高兴归高兴，但别忘了处理与同事之间的关系，否则很可能会在未来埋下隐患。

在某家公司里，小李最近被提拔为公关部的负责人。过去，小李以其和蔼可亲和幽默风趣的性格，赢得了同事们的喜爱和尊敬。大家经常在休息时间聚在一起，开一些轻松的玩笑，营造了一种和谐愉快的工作氛围。然而，自从小李成为公关部的负责人后，这种氛围似乎一夜之间消失了。同事们开始对小李保持距离，即使是日常的问候也变得公式化。小李尝试通过讲笑话来缓解紧张的气氛，但同事们的反应比较冷淡，这让她感到非常尴尬和孤独。

小张的情况也类似。几个月前，他被提升为设计部的主管。升职本应是件值得庆祝的事情，但小张却发现自己比以前更加忙碌和疲惫。他经常加班到深夜，希望能够带领团队完成更多的项目。然而，设计部的其他成员并没有因此而感激他，反而在背后议论他，认为他过于独断，不愿意听取团队的意见。小张对此感到非常困惑和沮丧，他不明白为什么自己的努力没有得到认可。

小王也遇到了类似的问题。当上司宣布他成为部门主管时，他感到既惊讶又兴奋。但很快，他就发现同事们对他的态度发生了变化。他们不再像以前那样友好，甚至有些人开始对他抱有敌意。小王意识到，他的新职位让他与同事们之间产生了隔阂。他们不再把他当作朋友，而是将他视为一个高高在上的主管。这让小王感到非常不安，他不知道如何是好。

面对这些复杂的人际关系问题，小李、小张和小王都感到困惑和无助。但是，他们需要明白，作为新晋的管理者，他们的角色已经发生了变化。同事们可能需要时间来适应这种变化，也可能出于各种原因对他们的新角色感到不安或嫉妒。作为管理者，他们需要展现出更加成熟和专业的一面，同时也要保持亲和力和同情心。

当一个人被提拔到新的职位时，往往伴随着激动和期待，但同时也面临着新的挑战和责任。在新官上任之初，尽管心中可能想好了一些改革和创新的计划，但过于张扬地展示这些想法可能会引起不必要的抵触和阻力。因此，采取一种更为审慎和低调的态度，以不变应万变，才是明智之举。

面对下属对于工作流程的询问，不要急于展示自己的新想法，而是首先询问他们以往的工作方式。这不仅是对下属经验的尊重，也是对现有流程的一种了解和学习。在他们解释清楚后，你可以表示："我看问题不大，暂时仍按老办法做吧，过一段时间我们再研究研究。"这种回应既展现出对现状的尊重，又保留了自己提出改进意见的空间。

在与新旧同事的交往中，保持谦虚和尊重是非常重要的。无论是在言语上还是在行为上，都应该体现出对他人的尊重和融入团队的愿望。通过与大家聚餐、参与团队活动等方式，可以加强与团队成员的联系，让他们感受到你依然是那个态度友善、易于接近的人。

在上任之后，要明白"水能载舟亦能覆舟"的道理。没有团队的支持，任何职位的权力都是空谈。因此，即使面对他人的非议或不理解，也要保持宽容和大度。不要因为一些小事而与下属产生矛盾，这样只会

第一章 小领导，大智慧：管理艺术的心法

失去人心。相反，应该展现出更加开放和主动的姿态，通过日常的互动和沟通，让大家逐渐接受你的新角色，并愿意与你合作。

此外，作为新上任的管理者，还需要展现出领导力和责任感。这意味着在尊重现状的同时，也要有洞察力去发现问题和机会。在适当的时机，可以提出自己的想法和计划，但在此之前，需要做好充分的准备和调研，确保这些想法是切实可行的，能够得到团队的支持和响应。

成功的经理人往往能够从"同事"到"上级"的角色转换中把握关键，他们认为这一过程的成功关键在于对自身环境的深入分析。他们强调："一定要看清你的优势，那就是你们一直在同一个团队工作。"这种角色的转变虽然困难（因为双方都需要适应新的角色定位），但从另一个角度来看，这也完全可以转化为你的优势。

首先，作为团队的一员，你对这个公司、这个部门的运作方式和习惯有着深刻的了解。你知道如何在这个环境中有效地工作，这使你能够更快地适应新的管理角色。你对团队成员的具体实力和相互关系有清晰的认识，这对于一个管理者来说是非常宝贵的资源。你可以根据每个成员的特点和能力，合理分配工作任务，最大化团队的整体效能。这是你相对于"空降兵"而言所具备的独特优势。

其次，没有人天生就是管理者。从一名普通员工变身为管理人员，需要一系列的准备和努力。第一，你需要建立自信。作为管理者，你需要有信心带领团队走向成功。这不仅体现在你的言行举止上，更体现在你对团队的信任和支持上。第二，你需要展现出积极的态度。一个积极向上的管理者能够激发团队成员的积极性和创造力，推动团队不断前进。同时，你还需要掌握相关的知识和技巧。这包括管理学的基本理论、沟通技巧、决策能力等。只有具备了这些知识和技巧，你才能够更好地指导团队，解决各种问题。

最后，成为一名合格的主管是对自己的挑战，也是你职场成长的必然过程。你需要不断地学习、实践和反思，不断地提升自己的管理能力和领导力。同时，你也需要走好脚下的每一步路。这意味着你需要注重细节，关注团队成员的需求和发展，及时调整自己的管理策略和方法。

5. 不能承担责任的领导不是好领导

外部出了问题，要从内部找起；

员工出了问题，要从领导找起；

工作出了问题，要从自身找起；

经营出了问题，要从管理找起；

今天出了问题，要从过去找起。

相比于普通员工，领导应该承担起更多的责任。

领导是一个部门或团队的核心，相应承担着重要的责任。当面对挑战和困难时，如果领导只是一味地埋怨下属员工，而不是积极寻找解决问题的方法，那么这样的领导显然是不称职的。作为领导，无论你的职权范围有多大，都应该在自己的权限范围内承担起相应的、最大的管理责任。

领导是一个部门、一个团队的负责人，是承担责任者。如果在自己

第一章 小领导，大智慧：管理艺术的心法

需要承担责任的时候，一味地埋怨下面的员工，把责任推向员工，那么这样的领导当然是不称职的。

不管领导的职权范围有多大，都应该在自己的权限范围内，承担起相应的、最大的管理责任。

李明是一家科技公司的项目经理，他最近被提拔为部门经理。他虽然精通技术，但在管理上有些不尽如人意。他对自己甚至别人的要求都很高，容不得半点儿马虎和错误。此前，当他作为项目经理的时候，不太需要和别人打交道，专心于自己的项目就好。但当他升任部门经理的时候，这个特点就给他带来了很多麻烦。

刚开始，李明对于新的职责感到既兴奋又紧张。在他上任初期，部门遇到了一些挑战：项目延期、员工士气低落、客户投诉增多。面对这些问题，李明最初的反应是责怪下属，他认为是团队成员不够努力才导致了这些问题。结果，底下的人为此怨声载道，李明就算很努力，也带不动这个团队。没过几天，由于项目迟迟没有进展，公司上层不得不放弃了这几个项目，并重新安排了人手负责，李明也因为不胜任部门经理的岗位而被解聘。

实际上，李明最大的错误就在于他没有认清自己的职责所在。他作为部门经理，应该承担起更多的责任，而不是稍有不顺就将责任推给下属。这不仅对项目无济于事，还会让团队的士气大打折扣。

在职场中，领导者与普通员工相比拥有更多的权力和决策权。然而，获得了权力也意味着领导者需要承担更大的责任。一个不愿意承担责任的人，就不配成为一位真正的管理者。"不可推诿责任"这句话应该深深铭记在每位管理者的心中。

基层管理秘籍

当公司的销售量并未随着推销攻势的增加而增长时，有些领导者可能会开始寻找外部原因来为自己开脱。他们可能会说，"市场环境不好，影响了销售"，"产品不能打动顾客"，或者"销售人员工作马虎"。然而，他们往往忽略了一个重要的事实：他们自己在规划和执行过程中可能存在的问题。这种将责任推卸给他人的态度，不仅无法解决问题，反而会让领导者失去团队的信任和支持。

如果一个领导者总是将责任推卸给他人，那么他的团队成员可能会感到不公平和不满。他们会觉得领导者并不关心他们的努力和付出，而只是在乎自己的利益和声誉。这种态度造成的结果是：别人下一次给他的支持就会变得更少。最后，这位领导者可能会变得事事面临阻碍，因为支持先从下面开始减少，当上级看到下面的人都不支持他时，也开始不支持他了。

相反，一个真正有影响力的领导者会从一开始就明确自己的角色和责任。他会提出最初的构想，并确保一切规划工作都按照他的构想进行。他会直接参与大部分的执行工作，以确保项目的顺利进行。然而，当项目成功后，他并不会将所有的功劳都揽在自己的身上。相反，他会召集大家，逐个指出每一个人的贡献。这样的领导者会让团队成员感到被尊重和认可，从而更加愿意为他效力。

当领导者能够与团队成员分享荣耀时，他们之间的关系会更加紧密。团队成员会感到自己的努力得到了应有的回报，而领导者也会因此获得更多的支持和信任。这种正向的循环不仅为领导者带来了声誉，也为他带来了优异的工作成绩。

然而，有些领导者在事事都照计划进行时，总是笑口常开，而在发生波折时,却立刻板起面孔责怪别人。当工作方案推行成功时,他们独自居功;而失败时,却推卸责任,将问题归咎于他人。这种作风与有影响力的领导者截然不同。

最佳的领导者具备成熟的看法和态度。他们深知领导工作充满挑战和风险,因此,当工作任务失败时,他们愿意承担责任,不逃避问题。同时,他们也明白成功并非个人独享的果实,而是团队共同努力的结果。因此,在成功时,他们也愿意与团队成员分享荣耀,给予他们应有的认可和奖励。

这种态度不只是出于利他主义,更是基于对领导工作的深刻理解和认知。领导者如果采取相反的态度,只会愚弄自己。欺瞒和推卸责任只会腐蚀上下级之间的关系,导致领导者失去下属的尊敬和支持。在这种情况下,领导者将无法获得他人的支持和合作,最终影响整个团队的凝聚力和执行力。

因此,一个优秀的领导者应该具备坦诚、负责任和分享的品质。他们应该勇于面对困难和挑战,不回避问题,而是积极寻找解决方案。同时,他们也应该懂得尊重和信任团队成员,给予他们足够的自主权和发展空间,共同推动团队向前发展。

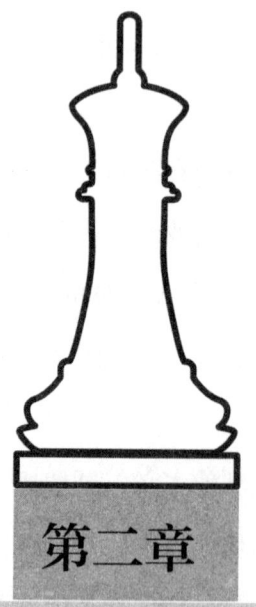

第二章

从零到英雄：小领导的快速成长指南

第二章 从零到英雄：小领导的快速成长指南

1.没有领导力，可以先培养领导魅力

很多人会将领导魅力简单理解成领导力，其实这两者并不一样。

领导力是一种硬性的能力，其中包括决策的能力、知人善任的能力、团结人的能力，是一个人的真功夫和硬实力，是需要不断学习并提升的，短期内无法获得质的飞跃，也无法通过"临时抱佛脚"的方式获得。

在这个快节奏的社会，很多人会因为公司快速发展等原因而升任领导，或许他们之前对此并没有做过多少准备，一时之间处于领导者的岗位，会显得慌乱无措，或许他们也自知自己的领导能力有限，不知自己能否胜任。

领导力无法快速提升，但领导魅力却可以迅速获得。并且，随着一个人领导魅力的培养，他的领导力也会水涨船高。

那么问题来了，究竟什么是领导魅力呢？

近几年来，随着社会各界人士的研究，人们对领导魅力的认识也越来越全面。从进化心理学的角度出发，所谓的领导魅力，就是一个人能让周边的人都信任他，能够让更多的人与自己合作的能力。

如果说领导力是一项硬实力，那么领导魅力就是一项软实力，类似

21

于精神领袖身上所散发出来的独特魅力。

《大西洋月刊》曾经发表了一篇报道，详细阐述了什么样的人更具有领导魅力。

第一，他的身高很重要。这并非危言耸听，因为从进化心理学的角度来看，人们对于那些身材高大的人，在情感上会更加信任，他们也更愿意追随身材高大的人。

当然，身高对于一个人来讲是先天条件，成年后几乎不会发生变化，而且很多领导者的身高其实也并不高。难道说，个子不高就没有领导魅力了吗？

其实不然，因为这只是其中的第一个因素。关于领导魅力的第二个因素就是精力充沛。这个很好理解，精力充沛的人在工作的时候更有干劲，这种精神也能带动整个团队。相反，一个睡觉没睡好，萎靡不振的人，没干多少活就喊着"累死了"的人，也不大可能长久处于领导地位。

第三个因素就是反应要快，也就是脑子得灵活。无论别人问什么，都能迅速反应并给予回复。或者在团队遇到突发情况的时候，你能很快想出对应策略。

最后一个因素就是，你最好有一点儿幽默细胞。一个幽默的领导者，在团队遭遇危机、大家都陷入紧张的时候，通过风趣的语言和动作能缓解大家的压力，也能让别人会心一笑。

在 2012 年，一项创新的实验吸引了众多目光。研究人员精心挑选了一批企业的中层管理人员和 MBA 在读的学生作为实验对象。这些人员被邀请参加了一次特别的培训，旨在提升他们的领导魅力。

这次培训并非短暂的几个小时，而是持续了好几天，总时长达到了

30~90个小时。在这漫长而充实的时间里，参与者们接受了系统的领导魅力训练，包括沟通技巧、团队协作、决策能力等多个方面。研究人员希望通过这样的培训，帮助参与者们更好地展现自己的领导才能，赢得他人的尊重与信任。

为了评估培训的效果，研究人员在培训开始前一个月，就对参与者的同事或同学进行了采访，了解他们对这些人"领导魅力"的看法。然后，在培训结束后的三个月，再次对这些同事进行了采访。

对比两次采访的结果，研究人员发现了一个明显的变化：周围人对这些参训者的"领导魅力"评价都有所提高。这意味着，经过培训，这些人员在领导力方面得到了显著提升，他们更能够展现出自信、果断、有影响力的一面，赢得了同事们的认可和赞赏。

你肯定很好奇，这是什么培训？有这么神奇的力量吗？

在领导魅力培训班中，研究者专门挑选了一些能够显著提升领导魅力的策略，并对学员们进行了密集的培训。这些策略不仅有趣，而且实用。

第一，善于使用类比和比喻。在讲话时，巧妙地运用类比和比喻可以帮助你更清晰地阐述观点。这种方法不仅有助于下属更好地理解你的意思，还能展现你的智慧。通常来说，能够灵活运用类比和比喻的人往往被认为是聪明人。因此，通过这种方式表达，你可以让听众感受到你的智慧和才华。

第二，善于讲故事。从进化心理学角度来看，比起一些客观的阐述与道理，人们更倾向于故事。因此，你可以充分利用这一点，比如，在第一次升任领导需要发言的时候，就可以讲一个简短的故事，人们对你

基层管理秘籍

的好感就会增加，尤其是讲述自己过去的经历和故事。奥巴马总统就非常擅长讲述自己的故事，经常分享自己小时候的遭遇和经历。这些故事并不一定要完全真实，有时候虚构的故事也能产生很好的效果。因为听众可能不会记住演讲中的所有道理，但他们很可能会被你身上发生的故事打动，留下深刻的印象。

第三，善于使用设问句和反问句。这种方法可以有效地吸引听众的注意力。通过提出问题或反问，你可以激发听众的思考，并引导他们更加专注于你的讲话内容。这种互动式的演讲方式能够让听众更加投入，增强演讲的效果。

第四，善于在讲话的时候使用肢体语言。在肢体语言的运用上，你需要注意将你的上肢和整个胸部都展现出来，避免呈现出蜷缩的状态。这意味着你需要打开肩膀，挺直背部，让身体显得宽广而有力。同时，双手不要总是停在一个地方，而是让它们在空中自由活动，展现出你的热情和活力。

胳膊的动作也是非常重要的一环。你可以通过挥动、摆动或者伸展胳膊来增加你的表现力。当你挥动胳膊时，可以展现出你的决心和力量；当你摆动胳膊时，可以传递出你的轻松和自信；当你伸展胳膊时，可以展示出你的开放和包容。

通过这些肢体语言的运用，你可以更好地与他人进行沟通和交流。肢体语言不仅可以增强你的表达能力，还可以让你在人群中脱颖而出。所以，无论是在演讲、表演还是日常生活中，都要记住这些要点，让自己的肢体语言更加生动有力。

这些操作都能迅速帮你提升领导魅力。

第二章　从零到英雄：小领导的快速成长指南

2.从职工到经理，你需要做这些事

新经理上任之初，表面上看似风平浪静，实则暗流涌动。对晋升者的入职，组织上下、团队内外，各层级相关人士明面上是一番"事不关己高高挂起"的态度，暗地里却都在擦亮眼睛，等待看"好戏"。其中有充满善意的、祝贺的、期待的目光，更有不怀好意的、戏谑的、盼望当事人出丑的眼睛。

在这样的环境下，如果你是新上任的部门经理，你应充分利用好上任第一天、上任第一周和上任第一个月这三个节点，通过阶段性、分步骤的努力，来打开局面，证明自己的价值和胜任力。

那么问题来了，具体要该怎么做呢？

上任第一天：先熟悉团队内部环境。

到任第一天，你要迅速了解部门、团队内部的人员情况和工作情况。这包括召开一次部门全体员工会议，不仅仅要相互熟悉，更要详细了解部门内部的人员配置情况、岗位分工情况、工作指标及完成情况、业务开展情况、管理流程、员工期望以及内部存在的问题和矛盾。

在会议上，你应该向员工们介绍自己，并表达对团队的热情和期望。同时，你也应该鼓励员工们提出问题和建议，以便更好地了解他们

基层管理秘籍

的需求和关切。通过这样一系列的互动，你可以建立起与员工之间的信任和尊重。

除了全体会议，你还应该与每个下属进行个别沟通。这样可以更深入地了解他们的个人特点、业绩情况以及他们在团队中的角色。例如，你需要弄清楚谁是技术专家，谁是销售专家，谁是员工中的意见领袖。通过这些信息，你可以更好地理解每个人的专长、家庭情况、兴趣爱好、业务能力、工作态度、优缺点以及曾获得的奖惩。这样，你就可以因人而异地进行管理，充分发挥每个人的潜力。

最后，你需要对部门工作进行总体分析。这包括熟知部门工作的目标、上级领导的期望、业绩现状、存在的问题和挑战。通过这些分析，你可以根据更翔实的信息来分步骤、分阶段地制订解决方案和落实计划。例如，如果发现某个项目存在问题，你可以与相关人员一起讨论并提出改进措施。如果发现某个员工的业绩不佳，你可以提供培训或指导以帮助其提高能力。总之，你的目标是确保部门的顺利运行，并实现公司的整体目标。

在管理过程中，你还需要注意以下几点。首先，要保持与员工的沟通畅通，及时解决问题和矛盾；其次，要注重团队合作，鼓励员工之间的协作和支持；再次，要关注员工的发展和成长，提供必要的培训和发展机会；最后，要以身作则，树立良好的榜样作用。

上任第一周：熟知部门外部环境。

在新的工作岗位上，新上任的管理者面临着诸多挑战。你不仅要适应部门内部的环境，还要学会应对并适应各种外部环境和外部关系。

首先，你需要了解上级领导（包括直接领导和间接领导）的个性、喜好、管理风格、领导能力、原则立场、对自己的定位和期望等。这有助于新上任的你更好地与上级领导沟通，建立良好的工作关系，为今后的工作打下坚实基础。

其次，了解公司的组织结构、规章制度、决策程序、企业文化、价值观、内部人脉关系等。这些信息对于你来说至关重要，因为它们将帮助你更好地融入新环境，理解公司的运作方式，从而更有效地推动工作的开展。

此外，了解公司的业务发展及所处行业状况，包括客户情况、产品情况、市场竞争力等，这些也是你必须关注的重点。这将使你能够更好地把握市场动态，为公司的发展提供有力支持。

同时，你还需要了解本部门、团队在公司整体组织框架中的地位和作用，平行部门的情况，以及平行部门间的工作配合及协调状况。这将有助于你更好地协调各部门之间的关系，提高工作效率。

在进行外部沟通协调时，你务必要注意个人形象和言谈举止。要懂得在什么场合穿什么服装，如何包装自己，让自己看上去更像是一个成功管理者的形象。同时，要具备灵活的语言艺术，在面对不同的人时，采取不同的沟通方式和语言。保持自信，尤其是在公众场合或在公众场合发言时，要给人留下良好的第一印象。因为你一开口，通过你的言行举止，别人就能对你有一个大致的判断。

为了拓展人际关系，你还需要设法走出去，参加更多的社交活动，融入更多的业务组织和不同的圈层，寻求更广泛的支持。这将有助于你建立更广泛的人脉网络，为今后的工作提供更多的资源和支持。

上任第一个月：建立广泛的统一战线。

作为一名新晋管理者，试用期是一个重要的阶段，它不仅是对个人能力的检验，也是建立团队信任和凝聚力的关键时期。在这个被称为"蜜月期"的阶段，你需要充分利用这段时间来提升自己，掌控局面，并建立起广泛的统一战线，以期给上级和团队交上一份满意的答卷。

第一，多学习、多试错是至关重要的。在上任的第一个月里，作为新手管理者，别人通常会给予相应的理解和包容。因此，你应该趁着这个阶段，积极地多学多问，勇于尝试新的方法，即使犯错也不必担心。然而，一旦过了"蜜月期"，再犯一些低级错误就会变得不可原谅。尤其是对于一些外行领导内行的职场情况，你更应该虚心学习专业的业务知识，勇于向下属请教，承认自己是外行本身也更容易得到下属的好感和帮助。相反，如果采取高高在上、不懂装懂的处世态度，只会将事情搞砸。

第二，建立广泛的"统一战线"也是关键所在。作为新手管理者，需要与团队成员建立良好的沟通和合作关系。通过倾听员工的意见和建议，尊重他们的专业知识和经验，可以更好地了解团队的需求和问题。同时，也要注重与上级和其他部门的协调合作，形成一种良好的工作氛围和团队合作精神。只有建立起广泛的"统一战线"，才能更好地推动工作进展，实现团队的目标。

第三，获得上级的支持也是职场中非常重要的一环。为了实现这一目标，你需要与上级保持密切的沟通联系。这意味着，你不能被动地等待上级来询问工作进展，而应该主动地向他们汇报所在部门的工作情况和遇到的困难。通过及时的沟通，你可以更好地理解上级的期望和要求，同时也能让他们了解你的工作进展和成果。

在与上级的沟通中，你应该展现出积极主动的态度。不要害怕表达自己的想法和意见，因为上级领导通常都愿意倾听下属的建议和反馈。同时，你也应该尊重上级的决策和指示，尽量从他们那里获取更多的支持和资源。

除了与上级的直接沟通，你还可以通过其他途径来增进彼此的了解和信任。例如，可以参加公司组织的团队活动，或者利用午餐时间与上级进行非正式的交流。这些互动不仅可以增进彼此的感情，还可以帮助你更好地了解上级的期望和需求。

第四，建立良好的组织内部人际关系。这不仅涉及上下级关系，还包括不同部门间的协作。为了有效管理这些关系，你可以绘制一幅内部人脉关系图，明确哪些人员和部门是日常工作中需要经常接触的。

在这幅图中，你应区分出哪些部门是上游关系，如上级、资源提供者、审批者和甲方等，他们对工作流程有直接的影响。同时，也要识别出下游关系，包括下级、资源吸纳者、被审批者和乙方等，他们同样对工作进展有着不可忽视的作用。

如果职位要求对外开展业务或交流，那么你还需要绘制外部客户的人脉网络图。这张图将帮助你更好地理解客户群体及其需求，从而更有效地与他们进行沟通和合作。

在处理这些关系时，保持一定的基调和原则是非常重要的。这意味着在交往过程中要始终保持专业、尊重和诚信，同时也要有策略地维护自己的利益。通过这样的方式，可以在组织内部建立一个稳固且高效的人际网络，为职业发展打下坚实的基础。

第五，在制订月度工作计划时，需要全面考虑内外部的各种情况。

基于对这些情况的详尽了解，应尽快全盘考虑第一个月的工作安排。这包括从资源分配到任务执行，从资源整合到跨部门合作，都是需要全局考虑的问题。

首先，要确保人力资源的合理分配。根据工作任务的性质和要求，合理安排人员，确保每个员工都能充分发挥其专长，提高工作效率。

其次，要明确各项任务的执行情况。对于每一项任务，都要有明确的执行计划和进度安排，以确保工作的顺利进行。

再次，要进行有效的资源整合。通过对各种资源的整合，可以最大限度地提高资源的利用率，从而提高工作效率。

最后，要加强跨部门的协作。通过跨部门的协作，可以更好地完成复杂的工作任务，提高工作效率。

3. 切忌出现角色错位

新手经理在初次面对管理岗位时，往往会产生胜任力不足的困惑。然而，这并非因为你不适合做管理者，而更多的是由于态度、观念和技巧上的不足。只要你能够及时弥补这些弱项，并扫除思维上的盲区，就能迅速适应新的工作环境。

对于新手经理所应扮演的角色这一问题，哈佛商学院教授琳达·希尔进行了深入的研究。她发现，新手主管成功的关键在于做好两项重要的角色转换：首先，从"做事者"转变为"管理者"；其次，要从"专业工作者"转变为"企业经营者"。这两个转变都需要你具备全新的视角和思维方式，以便更好地应对工作中的各种挑战。

杰克·韦尔奇则从另一个角度阐述了经理人的成功观。他认为，在成为经理人之前，每个人的成功只与自身的成长有关；而成为经理人之后，成功则与他人的成功有关。这意味着，作为经理人，你需要关注团队的整体表现，而不仅仅是个人的成就。这种观念的转变对于新手经理来说至关重要。

提升胜任力是一项系统工程，需要你进行长久而深入的努力与改善。这包括学习新的管理知识、掌握有效的沟通技巧、建立良好的团队关系等多个方面。只有通过不断的学习和实践，你才能逐渐提高自己的胜任力，从而更好地履行自己的职责。

在这个过程中，你还需要学会如何处理各种复杂的人际关系。作为管理者，你需要与不同性格、背景的员工打交道，这就要求你具备较高的情商和人际交往能力。同时，你还需要学会如何在压力下保持冷静和理智，以便作出正确的决策。

此外，你还需要培养自己的领导力。领导力是一种能够激发团队成员潜能、引导团队向着共同目标前进的能力。一个优秀的领导者应该具备明确的目标、坚定的信念和出色的沟通能力。只有这样，他们才能赢得团队成员的信任和支持，从而带领团队取得更好的成绩。

新提拔的管理者，尤其是中层管理者，面对不同的对象，要扮演不同的角色，切记不可出现角色错位。

首先，作为基层管理者，你是上级的代表和化身，你的言行举止都代表着公司和上司的形象。因此，你需要恪守作为下级的职业准则，严格执行上级的决策。

然而，很多人在工作中难以应对复杂的局势，往往是因为他们没有把握好自己的角色定位，在上级面前出现了各种"角色错位"现象。比如，有些人将自己视为替下属打抱不平的"民意代表"，有些人将所在部门经营成自己的"一亩三分地"，完全自己说了算，还有些人擅自揣摩上司的心思，甚至替上司作决定。这些错位现象都是不能够胜任的表现。

对于上级，人们通常认为他们应该体谅下级，但其实下级也需要体谅上级。作为下级，你需要理解上级的苦衷，了解他们肩上的担子比我们更重，压力更大，伤脑筋的时候更多。一个称职的管理者应该有替上级分忧的意识，能够站在上级的角度思考问题，为上级提供支持和帮助。

同时，你也要认识到，作为下级，你的工作是为了更好地执行上级的决策，而不是去质疑或挑战上级的权威。你应该尊重上级的意见和决策，努力去落实和执行。当然，这并不意味着你不能提出自己的意见和建议，但在提出时，你应该以积极、建设性的态度去表达，而不是抱怨或指责。

其次，正如我们在第一章中所提到的，一个优秀的管理者应当是公司的经营者和维护者，而不是错位地将自己视为"超级业务员"，与员工争抢业绩，或者扮演和事佬，为了表面的和谐而牺牲原则。同时，你要避免高高在上、以权压人的官僚做派，以及随意化的管理方式。

关心下级和责任承担也是领导者必备的素质。一个善于让功揽过的管理者，能够展现出心胸豁达的魄力和勇气，这是个人素质与责任心的双重体现。这样的领导者能够让下属心服口服，增强团队的凝聚力和执行力。

然而，在实际工作中，我们常常看到一些领导者在角色定位上存在误区。他们可能过于热衷于与员工争抢业绩，忘记了自己作为领导者的职责；或者为了维护表面的和谐，不惜牺牲原则和制度；还有的领导者高高在上，以权势压人，而不是靠自己的能力和影响力去领导团队。这些错位的行为不仅不能胜任领导者的职位，还会给团队带来负面影响。

因此，作为领导者，你需要时刻保持清醒的头脑，明确自己的角色定位。你要成为规则的制定者和维护者，为团队提供明确的方向和目标。同时，你也要学会关心下级，勇于承担责任，不把责任向下推。这样，你才能赢得下属的信任和尊重，成为一个真正优秀的领导者。

最后，在企业组织的运作中，同级之间的关系处理无疑是一个复杂而微妙的环节。许多管理者都曾反映，与同级之间的相处充满了挑战。这种关系往往因为缺乏理解、配合和尊重而变得紧张。具体来说，这种紧张关系可能表现在以下几个方面：

为了一些看似微不足道的小事，双方可能会陷入无休止的争执之中，这不仅消耗了大量的时间和精力，也影响了部门间的和谐氛围；当面临重要事项时，双方可能会相互推诿责任，形成一种"踢皮球"的局面，导致问题迟迟无法得到解决；每个部门往往只关注自己的利益，而忽视了其他部门的需求，这种短视的行为可能会损害整个组织的利益；有些部门领导可能会过于以自我为中心，认为其他部门都应该围绕自己转，为自己服务，这种心态不仅不利于团队合作，也可能导致其他部门的不满和抵触。

然而，理想的同级关系应该是基于"内部客户关系"模式来构建的。所谓"内部客户"，是指像对待外部客户那样，以认真、负责、诚恳和合作的态度去对待企业内部的平行部门。这种模式强调的是平等、尊重和互助，旨在打破部门间的壁垒，促进信息和资源的共享，从而实现整个组织的协同发展。

在这种模式下，各部门不再是孤立的个体，而是紧密相连的合作伙伴。它们会相互理解、支持和配合，共同为达成组织的目标而努力。这种良性互动不仅能够提高工作效率和质量，还能够增强员工的归属感和团队凝聚力。

4.培养属于自己的领导风格

每位领导者都有自己独特的领导风格，这种风格是由他们的个性、经验、教育背景和价值观等因素共同塑造的。同样，下属们也有各自的风格，这些风格可能受到他们的个人经历、性格特点和工作态度等因素的影响。在日常管理中，不同的领导风格和下属风格难免会产生冲突，这对团队的发展来说是一个挑战。

从团队发展的角度来看，如果领导者过于迁就某一方，可能会导致团队内部出现分歧和不满，进而影响团队的凝聚力和执行力。因此，对于领导者来说，如何在保持自己威信的同时，妥善处理不同风格的冲突，是一个重要的考验。

领导风格本身并没有绝对的好与坏之分，关键在于其适应性。一种有效的领导风格应该能够根据团队成员的特点、任务需求和组织环境的变化进行灵活调整。而组织理念作为经济实体的一个细胞，必然受到其所在的社会文化的影响。不同的社会文化背景会塑造出不同的组织价值观和行为规范，从而影响领导风格的形成和发展。

在东西方文化中，领导风格的差异尤为明显。东方文化通常强调集体主义、和谐相处和尊重权威，因此东方的领导风格往往更加注重团队合作、共识决策和上下级之间的亲密关系。而西方文化则更加强调个人主义、竞争和创新，因此西方的领导风格往往更加注重个人能力的发挥、目标导向和结果评估。

亚洲人强调人情、关系以及"以治家的方式治国"的原则，而欧洲人则更注重既定规则和"以治国的方式治家"的理念。

从历史角度来看，亚洲的管理理念可以追溯到很早以前。在古代中国，儒家思想就提出了"人尽其才""知人善用"的观念，强调根据每个人的特长和能力来分配工作，以实现整体的和谐与效率。这种管理方式在亚洲得到了广泛的传承和发展，成为亚洲企业组织理念的重要组成部分。

相比之下，欧洲的管理学家们则更加注重对工作管理的精细化。他们倾向于通过制定明确的规则和流程来确保工作的高效完成。这种管理方式在欧洲的企业中得到了广泛的应用，并形成了一种以理性和规则为基础的企业文化。

在社会文化环境的影响下，亚洲企业的组织理念更侧重于感性和亲情。他们相信，通过建立亲密的关系和互相信任的氛围，可以激发员工的工作热情和创造力。因此，亚洲企业在招聘和管理过程中往往更加注重员工的人际关系和团队协作能力。

而欧洲企业的组织理念则更加强调理性和规则。他们认为，只有通过明确的规则和制度来约束员工的行为，才能确保工作的顺利进行。因此，欧洲企业在招聘和管理过程中往往更加注重员工的职业素养和专业能力。

从领导风格来看，亚洲企业大多关注"人"。他们认为，领导者应该关注员工的需求和发展，通过关心和支持来激发员工的潜力。因此，亚洲企业的领导者往往更加注重与员工的沟通和互动，以建立良好的人际关系。

而欧洲企业则更多地侧重于"工作"。他们认为，领导者应该关注工作的效率和质量，通过制定明确的任务和目标来推动员工的工作进展。因此，欧洲企业的领导者往往更加注重对工作的监督和管理，以确保工作的顺利完成。

然而，随着全球化的推进和文化交流的加深，东西方领导风格也在不断融合和借鉴。许多领导者开始意识到，无论是东方还是西方的领导风格，都有其优点和局限性。因此，他们试图在自己的领导实践中融入不同文化的精髓，以更好地适应多元化的组织环境和全球化的竞争挑战。

丹尼尔·戈尔曼，这位普及了"情商"概念的学者，对不同的领导风格进行了深入的描述。他指出，最具成效的领导者能够在各种风格之间灵活转换，根据情势的需要选择最合适的风格。这些风格，无论是权威型、民主型还是变革型，都可能成为领导者傍身之技的一部分。

这种能力体现了领导者的情商和卓越的领导力。他们能够准确判断情势，灵活运用各种领导风格，以达成最佳的效果。这种转换自如的能力，是他们在复杂多变的环境中保持领导力的关键。

第一，远见型领导风格，是在团队面临新方向选择时最为适用的一种方式。这种风格的领导者能够为团队指明前进的方向，激发人们的共同梦想，并推动他们朝着这个目标努力。

戈尔曼与合著者们在书中提到，远见型领导人会明确阐述团队前进的目标，但不会限定达到目标的具体方式。这样的领导方式给予团队成员足够的自由度和灵活性，让他们能够根据自己的能力和创意去探索、实践和承担计划中的风险。

远见型领导者通常具备前瞻性和创新思维，他们能够洞察市场趋势和未来发展方向，从而为团队制定出具有挑战性和吸引力的目标。他们善于激发团队成员的潜能，鼓励他们勇于尝试新的方法和技术，以实现团队的共同梦想。

在远见型领导者的引导下，团队成员能够充分发挥自己的创造力和想象力，不断寻求创新的解决方案。他们不会被束缚于传统的思维方式和工作方法，而是敢于冒险、敢于尝试新的途径。这种开放和包容的氛围有助于激发团队成员的积极性和创造力，推动团队不断向前发展。

然而，远见型领导风格也并非适用于所有情况。在某些情况下，团队可能需要更多的指导和具体的行动计划。因此，领导者需要根据团队的实际情况和需求，灵活运用不同的领导风格，以达到最佳的领导效果。

第二，指导型领导风格。这是一种一对一的培训方式，它的核心在于专注于个别人才的培养。这种风格的目标是教导员工如何提升他们的工作表现，并帮助他们理解如何将个人的职业目标与团队的整体目标相结合。

这种风格的有效性在于其个性化的教学方法。通过一对一的互动，领导者能够深入了解每个员工的个人能力和需求，从而提供针对性的指导和支持。这种个性化的关注不仅有助于员工更好地掌握技能和知识，还能够激发他们的潜能，使他们在工作中更加自信和高效。

然而，指导型风格的实施需要注意平衡。虽然它可以为员工提供必要的支持和指导，但如果领导者过于严格或过度干预员工的工作流程，可能会对员工造成不必要的压力，甚至损害他们的自信心。因此，领导者在采用这种风格时，应该注重建立信任和尊重的关系，确保员工感到被支持而不是被束缚。

此外，指导型风格对于积极主动、渴望职业发展的员工尤其有效。这类员工通常对自我提升有着强烈的意愿，他们愿意接受挑战并寻求成长的机会。在这种情况下，领导者可以通过提供反馈、设定明确的目标和期望，以及鼓励员工探索新的领域和技能，来进一步促进他们的职业发展。

然而，如果员工感觉到领导者的干预过于频繁或限制了他们的自主性，这种风格可能会产生相反效果。因此，领导者应该时刻关注员工的感受和反馈，确保他们的指导既有助于员工的成长，又不会对他们造成不必要的负担。

第三，亲和型领导风格。这种风格强调团队合作的重要性，通过促进人际间的紧密联系来营造团队内部的和谐氛围。这种方法在提升组织内的团队凝聚力、提振士气、加强沟通以及修复受损的信任方面具有显著的价值。然而，这种方法并非万能钥匙，不能单独使用。

首先，亲和型风格注重对群体的褒扬，这可能会导致表现不佳的情况得不到及时纠正。在追求团队和谐的过程中，如果过分强调正面评价，可能会忽视对个别成员或整个团队的负面反馈。这种忽视可能会导致问题积累，最终影响团队的整体表现。因此，在采用亲和型风格时，需要保持一定的客观性和公正性，确保团队成员能够接受并改正自己的不足。

其次，亲和型风格可能会让员工产生误解，认为平庸是可以容忍的。在追求和谐的过程中，如果过分强调团队的团结和一致性，可能会导致员工降低对自己的要求，满足于平庸的表现。这种心态可能会削弱团队的创新能力和竞争力，影响组织的长远发展。因此，在采用亲和型风格时，需要明确传达对卓越表现的期望和要求，鼓励员工不断挑战自我，追求更高的目标。

第四，民主型领导风格。这种风格强调领导者与团队成员之间的互动和协作。这种风格的核心是聚集人们的知识和技能，并就最终目标达成一致。在团队的发展方向不明确或领导者需要大家群策群力的情况下，民主型领导风格通常被认为是最有效的。

民主型领导风格的一个显著特点是，它鼓励团队成员积极参与决策过程，分享他们的观点和想法。这种参与感不仅有助于提高团队成员的满意度和归属感，还能促进创新思维和问题解决。通过集思广益，团队能够更全面地考虑各种因素，从而做出更明智的决策。

然而，民主型领导风格并非适用于所有情况。在某些紧急情况下，例如，危机发生时，迅速做出决策变得至关重要。在这种情况下，建立一致性的方法可能会导致灾难性的后果。因为当事态紧急时，过多的讨论和协商可能会拖延时间，使团队无法及时做出反应。

因此，戈尔曼警告说，在出现危机的情况下，民主型领导风格可能不再有效。相反，领导者可能需要采取更加果断和迅速的行动来应对紧急情况。这并不意味着完全放弃民主型领导风格的原则，而是在特定情况下对其进行适当的调整和补充。

作为一名领导，你应当在领导风格上尽量保持一致，即在对下属的要求上保持一致。这意味着你需要在制定规则和要求时保持一定的稳定性，避免因频繁变动导致下属感到困惑和不安。

首先，不要第一天把制度加进协议，而到了第二天就又删减一大部分。这样的行为会让下属感到你的决策不够稳定和可靠，他们可能会对你的要求产生怀疑，从而影响工作效率和团队凝聚力。因此，在制定制度和协议时，要充分考虑各种因素，确保其合理性和可行性，并尽量避免频繁的修改。

其次，也不要第一周要求写一份书面报告，而到了第二周则又要求在例会中做口头总结报告。这种突然的变化会给下属带来额外的压力和困扰，他们可能需要花费更多的时间和精力来适应新的要求。为了保持风格的一致性，你可以在制定要求时明确告知下属，让他们有足够的时间来准备和适应。

总而言之，领导者的最终领导风格将随着你的要求和责任心的变化而不断演进，这些要求和责任都基于你的个性和管理手段。只要你的要求和责任在一定程度上保持不变，你就不会出现问题。当然，如果"道路没有了路标"，任何人都很可能会犯错误。所以，领导风格一定要随着团队发展而不断演进。

第三章

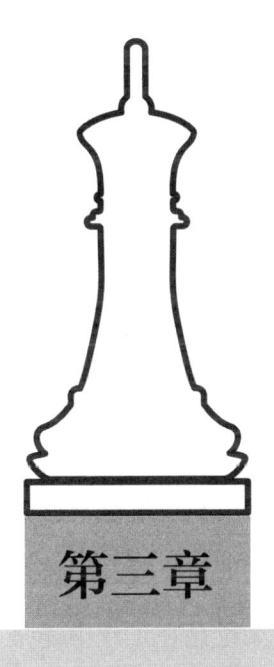

沟通破冰者:让你的沟通游刃有余

1. 懂比爱更重要

很多新晋领导者其实并不善于与下属们沟通，甚至有些人会认为，自己是他们的领导，那么下属只要服从自己的命令即可，根本不需要沟通。也有一些领导者认为沟通很重要，对待下属不能采取强压式手段，而是要和他们搞好关系，无论是在工作中还是工作之余，都要给予他们相应的照顾和关心。

实际上，这并不是最有效的办法。在管理学的人际关系中，有一句话可谓道出了其中的秘密——懂比爱重要。

什么是爱？爱是一种偏于感性的情感，很多时候往往会造成下属"争风吃醋"的后果，甚至引起部门明争暗斗，以致于留下一些后遗症。而懂则要比爱更恰当一点儿，懂即是一种同理心的延伸，是站在对方的角度思考问题，并给出一个对双方都有利的答案。

例如，一名下属找到你，向你诉说他最近遇到的困难。他的父亲生病住院了，妻子即将临产，而且每个月还要支付房贷和车贷。在这个关键时刻，你们部门正在负责一个新项目，这个项目即将完成，完成后会有一笔丰厚的奖金。因此，这名下属希望你能在分配奖金时多给他一些份额。

如果是从爱的角度来看待这个问题，你多半会同情这名下属的困境，并认为多给他分配一些奖金是合乎情理的。毕竟，他正面临着巨大的生活压力和经济负担。然而，如果你真的这样做了，可能会引起其他下属的不满和怨念。他们可能会想："凭什么就他分得比较多？我们大家也都在努力工作，谁没有家人和房贷车贷呢？"

如果是从懂的角度来看待这个问题，你应该怎么做呢？首先，你当然想给那名下属多分配一些奖金，但是你也需要考虑如何平衡其他下属的感受。你需要制定一个策略，用来堵住其他下属的嘴，至少让他们没有理由抱怨。

在这种情况下，你可以采取一种明智的方法。你可以将一些收尾的工作多交给那名员工，让他承担更多的责任和工作量。这样一来，他那份多拿的奖金就不是因为他的一些客观原因而白拿的，而是他用自己额外的劳动成果挣来的。这样的做法不仅能够体现你的关爱，还能够展示你的智慧和公正。

在这个过程中，你需要与那名下属进行沟通，了解他的具体情况和需求。你可以询问他是否愿意接受更多的工作任务，并解释这样做的原因。同时，你也需要与其他下属进行沟通，解释你的决策背后的原因，让他们理解你的做法是为了公平合理地分配奖金。

通过这样的处理方式，你不仅能够解决当前的问题，还能够树立一个良好的榜样，展示出你对员工的关心和公正的态度。你的行为将会激励其他下属更加努力地工作，因为他们知道，他们的付出会得到应有的回报。最重要的是，你向别人展示了自己通情达理的一面，会让下属对你更忠心。

总之，爱是授人以鱼，而懂则是授人以渔。在面对类似的情况时，你应该既展现出关爱和同情，又要运用智慧和策略来解决问题。

身为领导者，最忌讳下面的人认为你有所偏心，这是一种无形的力量，如果不予以重视，往往会带来很可怕的后果。

王强刚毕业就加入了一家创业型企业，他工作非常认真，得到了大家的一致认可。他所在的公司发展迅速，很快就有了十几号人，王强也成了小领导，但公司要发展，光靠这十几个人远远不够。王强深受老板喜爱，在负责业务的同时，也协助人事招聘。他深知人才是公司发展的基石。在招聘员工时，他总是非常注重能力和潜力，希望能找到那些既有才华又能与公司共同成长的人才。

在公司初创阶段，王强带领着一群充满活力、充满激情的年轻人，他们共同奋斗，共同进步，每个人都有机会展示自己的才华，每个人都能得到应有的回报。这样的氛围让公司迅速发展壮大，市场份额不断攀升。

然而，随着公司逐渐壮大，王强开始对一些老员工产生偏爱。他认为这些老员工为公司的发展立下了汗马功劳，应该得到更多的资源和机会。于是，他开始给予这些老员工更多的优待，无论是项目分配还是晋升机会，都优先考虑他们。

这种偏心行为很快被其他员工察觉，他们开始感到不公平和失望。他们觉得自己的努力没有得到应有的认可和回报，而那些老员工却因为资历老而得到了更多的机会。这种情绪在公司内部蔓延开来，导致一些有能力但未得到重用的员工纷纷离职。

这些离职的员工都是公司的中坚力量，他们的离开给公司带来了巨大的损失。公司失去了一批优秀的人才，同时也失去了他们的经验和技术。这使得公司在竞争中逐渐失去了优势，市场份额不断萎缩。

这个案例告诉我们，大部分人的心理都是"不患寡而患不均"。作为一名领导，要在公司或团队内部注意营造公平公正的氛围，做到一碗水端平。

2. 将嘴巴闭起来，将耳朵竖起来

在深入的调查研究中，我们发现了一个重要的沟通现象：在人们的交流过程中，占据最大比例的不是积极地交谈或发言，而是倾听。事实上，人们在沟通中花费在倾听上的时间远超其他任何形式的沟通行为。这一发现无疑揭示了一个关键的观点——倾听是沟通中最为核心和重要的行为。

进一步来说，沟通的本质可以被理解为一门倾听的艺术。在一个组织机构中，管理者通常处于上级的位置，而员工则属于下级，这两者所处的地位自然是不同的。由于这种层级的差异，管理者往往给人一种高高在上的感觉，而员工在面对管理者时，常常会感到一种心理上的"示弱"，甚至会产生畏惧。尽管每个人都有表达自己想法和感受的欲望，但由于身份上的不同所导致的心理位差，使得作为下属的员工在沟通时往往会持有一种消极的态度。他们可能会因为担心自己的言行会"惊扰"到管理者而选择保持沉默，有意见不敢提，有问题也不敢问。

因此，对于管理者来说，要想打破这种沟通的僵局，就必须采取一些特殊的方式和方法。

倾听能够帮助我们更好地了解和掌握信息。在与下属交流时，通过不时地进行互动，可以表现出对谈话内容的关注，从而鼓励对方充分、完整地表达自己的观点。这种互动不仅有助于沟通的顺利进行，还能让我们更深入地了解下属的性格、态度和想法。

心理学研究表明，人们更倾向于喜欢那些善于倾听的人，而不是那些善于表达的人。这是因为倾听能够让对方感受到被尊重和理解，从而建立更良好的人际关系。被誉为"当今世界最伟大的推销员"的乔·吉拉德也曾经有过因为不注意倾听而失去客户的经历，这个例子告诉我们，倾听的重要性不容忽视。

在一次推销中，乔·吉拉德与客户洽谈得很顺利，然而就快要签约成交时，对方却突然改变了想法。当天晚上，按照顾客留下的地址，乔·吉拉德找上门去求教。客户见他满脸真诚，就实话实说："本来我已经决定买你的车了，可就在我准备签约的时候，我提到我的独生子即将上大学，而且还提到他的运动成绩和他将来的抱负，我简直以他为荣，可是你不仅没有任何反应，反而一直盯着周围正在闲聊的同事。我感到非常失望，就改变了主意！"

这番对话让乔·吉拉德深受触动。他开始反思自己的销售方式和沟通技巧。他意识到，在与客户交流时，倾听是至关重要的一环。只有真正倾听客户的需求和感受，才能建立起信任和共鸣。于是，他下定决心要改变自己的销售策略，将倾听放在首位。

第三章　沟通破冰者：让你的沟通游刃有余

从那天起，乔·吉拉德开始更加注重与客户的交流和倾听。他不再急于推销产品，而是先花时间了解客户的个人情况、需求和期望。他会耐心地询问客户的问题，并给予积极的回应和建议。他学会了用眼神和微笑来表达对客户的关心和尊重，让客户感受到他的真诚和热情。

随后，乔·吉拉德的销售业绩逐渐提升。他发现，当他真正倾听客户的声音时，客户更愿意与他建立联系和信任。他们不再把他当作一个普通的销售人员，而是一个值得信赖的朋友。这种关系的建立使得客户更愿意找他购买汽车，并且还会推荐其他潜在客户。

虽然这是一个推销员与顾客之间的例子，但其道出了倾听最重要的本质。乔·吉拉德的成功不仅仅在于他的销售技巧，更在于他对人性的理解和尊重。他明白，每个人都有自己的故事和需求，只有通过倾听和关注，才能真正打动客户的心。他相信，世界上有两种力量非常伟大，其一是倾听，其二是微笑。你倾听对方越久，对方就越愿意接近你。造物主为什么给了我们两只耳朵一张嘴呢？我觉得，这就是要让我们多听少说吧！

一些管理者不能给下属留下良好的印象，不是因为他们表达得不够多，而是他们太善于自我表达了，却不善于倾听。其实，人们都非常喜欢发表自己的意见。如果你给他们一个机会，让他们尽情地说出自己想说的话，他们立刻就会觉得你平易近人、和蔼可亲，非常值得信赖。

那么，作为管理者，怎样才能通过倾听达到沟通的目的呢？不妨先来看一个小故事。

在一期节目上，美国著名主持人林克莱特对一位小朋友提了一个问题："你长大了想做什么呀？"小朋友天真地回答："我要当飞行员！"林克莱特接着给小朋友出了一道难题："如果有一天你的飞机飞到太平洋上空，所有的引擎都熄火了，这时你该怎么办？"小朋友想了想，说："我先告诉飞机上所有的人绑好安全带，然后我系上降落伞，先跳下去。"

在场的观众笑得前俯后仰，只有林克莱特继续注视着孩子。这时候孩子的两行热泪夺眶而出，于是林克莱特问他："为什么要这么做呢？"孩子给出了一个真挚的答案："我要去拿燃料，我还要回来！还要回来！"

有效的倾听并非遥不可及的技艺，它如同一把钥匙，能够解锁沟通的障碍，成为拉近人际关系的润滑剂。然而，要想真正发挥倾听的力量，就需要你不断提升自己的倾听层次。

在四个层次的倾听中，最高层次的倾听方式是注入感情的倾听。这种倾听方式能够帮助管理者与下属建立起深厚的信任和认同，从而形成良好的人际关系。然而，令人遗憾的是，大多数管理者并未达到这一层次。据统计，多达50%的管理者仅停留在第一层次的倾听，30%达到了第二层次，15%达到了第三层次，而仅有5%的管理者能够达到最高层次的倾听。

那么，如何才能达到倾听的最高层次呢？首要的一点便是摒弃偏见。偏见，无疑是有效倾听的最大障碍。当你对某个人预先设定了一个角色，比如，认为"这个人不好管"，"这个人没什么能力"或"这个人简直就是个'刺儿头'，老是提意见"，那么你就很难真正去倾听他的声音。他的异议会被你视为对领导的攻击，他的解释会被你看作是在找借口。这种情况下，你的倾听就失去了意义，你也不可能会耐下心来认真倾听。

因此，要想达到最高层次的倾听，就必须学会放下偏见，用一颗公正、客观的心去倾听他人的声音。你要尊重每个人的差异，理解他们的观点和想法，而不是用自己的标准去评判他们。只有这样，你才能真正听到他们的声音，理解他们的需求，从而建立起一个具有战斗力的团队。

此外，在倾听的时候，你还需要注意提高自己的倾听技巧。这包括学会用肢体语言表达关注，用眼神传递信任，用微笑营造轻松的氛围等。同时，你还要学会提问和反馈，以便更好地理解对方的意图和需求。这些技巧虽然看似简单，却能在实际应用中发挥巨大的作用。

当然，要达到最高层次的倾听并非一蹴而就的事情。它需要你不断学习和实践，不断地反思和改进。只有这样，你才能逐渐提升自己的倾听层次，成为一名真正优秀的倾听者。

一个优秀的领导者，首先就是一个善于倾听的人。

3. 如何与上级沟通

很多职场新人和新晋领导在汇报工作的时候，都只会用文字将自己的工作和想法罗列出来，就像小学生的作文一样，有如流水账。上级在看到这样的汇报后，并不会对你产生多少关注度，只会草草一览而过。又或者，他们面对面向上级汇报工作的时候，上级总是不耐烦地打断他们，他们就像是一只没有方向感的羔羊，走一会儿就会被上级引导到其他方向。

首先，我们需要破除一个误区，职场上的工作汇报不仅仅是写作与说话这么简单，实际上它是一种沟通能力。很多人向领导做汇报的时候，会按照时间顺序，将自己本周干了什么，哪些项目有了进展，哪些项目遇到了麻烦等一一写在上面或说出来。其实这是一种错误的做法，正确的做法是先写出结论，后添加细节。

让我们站在上级的视角看一下，一般而言，上级都要比普通员工忙，他们处理的事情也要比普通员工多。这个时候，假设你就处于上级领导的位置，有一个下属向你汇报工作，一开始他不分主次地说了一大堆，你听得云里雾里，不知道他想表达什么。听完之后，你还是没有听到任何重点。你只知道他对这个项目做了些什么，但不知道这个项目进展是快还是慢，是顺利还是遇到了麻烦。

遇到这样的下属，你对他的第一印象就不会好，会觉得他工作没有头脑，思路不清晰。

那么，如何有效地与上级沟通呢？

这就需要一种向上管理的能力。简单来讲，向上管理是一种与上级建立顺畅并且有成效的关系，是一种非常重要的职场能力。

《华尔街日报》专栏作家苏·雪琳芭格在一篇文章中，介绍了与上级有效沟通的三种方法。

第三章 沟通破冰者：让你的沟通游刃有余

第一，给上级提供多个可以选择的沟通方式。

有些上级会明确告诉下属他们喜欢的沟通方式，但并不是所有情况都是如此。对于那些没有明确表达自己沟通喜好的上级，给他们提供多个可以选择的沟通方式往往能取得更好的效果。

首先，你可以主动与上级沟通，询问他们希望你多久汇报一次工作。这样可以让上级知道你对他们的期望有所了解，并且愿意按照他们的要求来安排工作汇报。同时，这也为上级提供了一个机会，让他们能够告诉你，他们希望多久收到一次工作进展的报告。

其次，除了询问汇报频率，你还可以考虑向上级提出不同的沟通方式供他们选择。例如，你可以问上级是喜欢通过电话进行沟通，还是更倾向于邮件交流，或者更喜欢面对面的会谈。这样可以确保你与上级之间的沟通方式是双方都感到舒适和高效的。

当你向上级提供多个可选的沟通方式时，还可以考虑几点。比如，了解上级的时间安排和偏好。有些上级可能更喜欢在早上或下午进行沟通，而有些上级则可能更灵活。因此，你可以询问上级他们希望在什么时间段进行沟通，以便你能够合理安排时间。

第二，如果你必须向上级提出一个问题，请至少同时提供一项潜在的解决方案，并且要尊重对方的时间。

马里奥·加布里埃尔在纽约的一家软件供应商担任部门主管时，他采用了一种高效且尊重对方喜好的沟通方式。每当他遇到问题需要向上级汇报时，他不会立即去找老板，而是先等待一段时间，等收集多个问题后再统一汇报。

这种做法的好处在于，它能够更有效地利用双方的时间。当马里奥将问题集中起来一次性汇报时，他可以确保自己在有限的时间内提供足够的信息，以便上级能够给出更全面和周到的答案。同时，这也避免了频繁打扰上级的工作，体现了对上级时间的尊重。

在汇报问题时，马里奥会告诉上级："我有10件事情需要汇报，并且10分钟之内就可以解决。"这样的表述清晰明了，让上级知道问题的大致数量和所需时间，从而能够更好地安排自己的工作计划。

除了汇报问题，马里奥还会提供至少一项潜在的解决方案。这样做的好处在于，它能够帮助上级更快地理解和解决问题。当上级看到解决方案时，他们可以立即对其进行评估和判断，从而更快地做出决策。同时，这也展示了马里奥的主动性和解决问题的能力，增加了上级对他的信任和认可。

当然，在提供解决方案时，马里奥也会注意保持谦逊和开放的态度。他会明确表示，这只是一项潜在的解决方案，并愿意听取上级的意见和建议。这样的做法不仅能够避免给上级造成压力，还能够促进双方的合作和沟通。

通过这种高效且尊重对方时间的沟通方式，马里奥成功地与上级建立了良好的工作关系。他的上级对他的工作表现给予了高度评价，并认为他是一个值得信赖和依靠的下属。这种沟通方式也为马里奥的职业发展提供了有力支持。

第三，不要带着个人偏见看待上级的行为。

领导力和商业顾问罗伯特·坦纳强调了人们在观察事物和做出决策时的差异性。他建议我们可以通过分析上级的沟通方式和决策模式来更好地理解他们的领导风格。例如，我们可以观察他们是倾向于迅速行动,还是更喜欢深思熟虑?他们是更注重实际数据,还是更依赖直觉上的见解?

坦纳曾为一家金融服务公司的高层管理者及其团队提供过专业培训。这位高管与下属之间的关系一直不太和谐,原因在于他们的决策风格存在显著差异。这位高管更倾向于依据直觉来做决策,并且经常改变主意。而他的团队成员则更偏好基于事实的决策方式,因此他们认为这位高管缺乏决断力,并且过于关注个人利益。

在认识到这一点后,员工们开始尝试从一个新的视角来理解这位高管的行为,并学习如何从他的角度出发来提出自己的建议。这种改变不仅有助于改善团队内部的关系,也使得整个团队能够更加高效地协作。

通过这个案例,我们可以看到,了解和适应不同人的决策风格对于建立有效的工作关系是至关重要的。当团队成员能够理解和尊重彼此的差异,并学会从对方的角度思考问题时,他们就能够更好地协同工作,共同推动团队向前发展。

此外,这也提醒我们,作为领导者或团队成员,我们应该努力培养自己的沟通技巧和同理心,以便更好地理解他人的观点和需求。通过这种方式,我们不仅能够提高团队的效率和凝聚力,还能够为每个人创造一个更加积极和能够提供足够支持的工作环境。

4. 学会判断哪些是"真话"

很多领导都曾抱怨，他们的下属总是喜欢说谎话，欺瞒自己。遇到这种情况，该怎么办？

首先需要明白一点，在这个世界上，我始终要相信"真心换真心"，领导希望下属跟自己讲真话，自己就要敢于向下属讲真话，而不是一味地"画大饼"。

其次，领导要敢于听真话，只有当你展现出对真实信息、甚至于批评性的或不利的信息的接受能力时，下属才会感到安全，才会愿意分享他们的真实想法和观点。

在一个健康的工作环境中，领导者必须培养一种文化，这种文化鼓励坦率和诚实。如果你只倾向于接受那些符合自己预期或者偏好的信息，而对于那些可能挑战自己的观点或者不符合自己口味的言论采取批评或者排斥的态度，那么下属就会感到不安全，他们可能会选择沉默，或者更糟糕的是，开始只说领导者想听的话，而不是表达真实的想法。

因此，你需要具备倾听的耐心和能力，特别是对于那些可能揭示问题或不足的真实反馈。你应该鼓励下属提出真实的意见，即使这些意见可能会令人不舒服。通过这种方式，你不仅能够获得更加全面和准确的信息，从而作出更明智的决策，而且还能够建立起一种基于真诚和透明度的沟通渠道。这样的沟通渠道有助于增强团队成员之间的信任，促进团队合作，最终推动整个组织的发展和进步。

只有领导自己敢于讲真话以及敢于听真话时，下属才更有可能讲出真话，而不是说谎话。

但是，就算做到了这点，有些下属或出于自己的私心，或出于某种外部原因而依然讲了谎话，这个时候，就需要领导要有一定的判别能力。

在评估下属所提供信息的真实性时，我们必须认识到对话情境的重要性。情境因素对于沟通的真实性具有深远的影响，因为它们可以塑造信息的表达方式和内容。例如，一个轻松的环境和正式的会议室可能会引发不同的沟通风格和信息分享的程度。因此，领导者在判断下属的话语是否真实时，需要仔细考虑周围的环境因素。

紧张情绪是另一个关键因素，它可能会显著影响一个人说话的真实性。当人们感到紧张或压力时，他们可能会无意中扭曲事实，或者可能会遗漏关键信息。这种紧张可能缘于多种原因，如对领导的敬畏、对工作表现的担忧，或者是因为处于一个不熟悉的社交场合。因此，了解导致下属紧张的具体原因，对于准确评估他们的话语真实性至关重要。

为了更有效地评估下属的话语真实性，你可以采取一种更为细致和侧重于观察的沟通方式。这意味着你需要仔细观察下属在不同情境下的行为和情绪反应。通过注意下属的非语言信号，如肢体语言、面部表情和语调变化，你可以更好地理解下属的情绪状态。此外，你还应该倾听下属的话语，注意任何可能的矛盾或犹豫，这可能是不诚实的迹象。

为了让下属愿意坦诚地表达自己的真实想法，你必须致力于营造一个开放和充满信任的工作环境。这也就是说，你需要主动审视和调整企业文化，确保它能够支持员工之间的真诚对话和交流。在这个过程中，你的角色至关重要，你需要通过自己的行为和决策来展示对透明度和诚实的重视。

其一，你可以通过定期组织团队会议和一对一交流，来检验和强化这种文化。在这些互动中，你应该鼓励员工分享他们的观点和意见，无论是正面的还是负面的。你应该倾听并认真对待这些反馈，以此来展示你对员工意见的尊重和理解。

其二，你还应该及时与下属沟通，这不仅包括工作上的事宜，也包括对员工的个人关怀。通过这种方式，你可以建立一种支持性环境，让下属感到，在表达自己的想法时不会受到惩罚或忽视。你应该积极倾听员工的担忧和不同看法，并且提供必要的支持和资源，帮助他们克服可能的心理障碍。

其三，为了进一步鼓励下属敞开心扉，你可以实施一些具体的策略。例如，你可以设立匿名反馈渠道，让员工在不透露身份的情况下分享他们的想法和建议。这样可以减少员工对于可能的负面后果的担忧，从而更加自由地表达自己。

当然，你还需要站在下属的角度去思考问题，也就是说，你要明白为什么下属不愿意跟你讲真话。

你需要明白的是，下属往往面临着多种压力和挑战，这些因素可能会影响他们是否愿意表达真实的想法和意见。恐惧是一个常见的障碍。下属可能担心，如果他们的真话与上级或团队的期望不符，可能会面对负面后果，如被忽视、批评甚至解雇。这种恐惧感会让他们选择保持沉默,以避免潜在的冲突或不利后果。

第一,对于新入职的员工来说,他们可能对公司的文化、流程和人员还不够熟悉。这种不熟悉可能导致他们对自己的能力和观点缺乏信心,担心提出的意见可能会被视为无知或不专业。因此,他们可能会选择不发言,以免在同事和上级面前出丑或被误解。

第二,一些下属有意愿分享自己的想法,但可能缺乏足够的沟通技巧和表达能力。他们可能担心无法有效地传达自己的观点,或者担心自己的言辞会被误解。在这种情况下,他们可能会选择保持沉默,以免引起不必要的困扰或误会。

第三,还有一些下属可能持有悲观的职场观。他们认为职场是一个充满竞争和权谋的地方,说真话可能会让自己成为别人攻击的目标。为了避免卷入不必要的纷争和麻烦,他们可能会选择隐藏自己的真实想法,以免被卷入职场的是非之中。

第四,你的行为和态度也对下属是否愿意说真话有着重要影响。如果领导者展现出强硬的个性、傲慢自大或独断专行,下属可能会感到被压制或不被尊重,从而不愿意分享自己的真实想法。他们可能认为,即使说了真话,也不会被认真对待,甚至可能会受到惩罚。

第四章

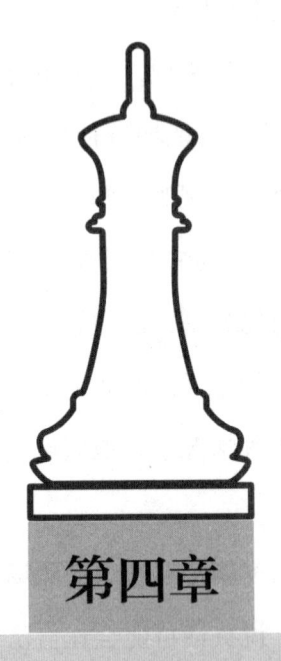

团队管理：不仅要有人才，还要提升战斗力

第四章　团队管理：不仅要有人才，还要提升战斗力

1. 如何培养自己的得力助手

对于一位领导者来说，哪怕是基层领导，他都需要培养几个得力助手。助手的数量不需要太多，一两个就好。

那么问题来了，该如何挑选或培养得力助手呢？

培养得力助手就像是风险投资，你的视野放出去的时候要广，要尽可能不错过任何一个人，但是收的时候，一定要谨慎与精细。

如果你看中了一个人，觉得他是一个优秀的人才，并且想和他建立良好的关系。换句话讲，任何人都是你"得力助手"的储备池。你不要一开始就抱着"精挑细选"的心态，这样反而会使你错过很多人才，甚至挑了半天也没一个人入得了你的眼。

这就和找对象一样，一开始就要多接触，先不要给自己设限。将所有心血倾注于一两个人身上是不明智的选择，就像武当派的张三丰一样，收起徒弟来就像穿葫芦，一收收七八个，若是自己没有精力带他们，就将他们交给大师兄去教导。

简而言之，就像"捕鱼"一样，在培养得力助手之前，一定要坚持广撒网的方式。要抱着"任何人都可能是自己的得力助手"的心态，而不是根据自己的好恶选择一些人而抛弃另外很多人。

再者，你自己要明白。培养得力助手并非出于个人对权力的追求，而是基于对公司整体发展的考虑。这些得力助手是值得信赖的工作伙伴，可以放心地将任务委托给他们。你在赏识他们的工作能力的同时，也要对他们的品德修养充满信心，视他们为家人一般。

在公司的日常运营中，有些话可能不便于对所有人公开说，这时可以向得力助手倾诉。他们能够理解并支持你的想法和决策，成为你最坚实的后盾。同样，有些事情你可能不敢轻易交给其他人去做，担心泄露机密或处理不当，但你可以信任得力助手去完成这些任务。他们具备足够的能力和责任心，能够妥善处理各种复杂的情况。

这些人在公司中扮演着重要的角色，他们不仅是你的得力助手，更是公司内部稳定和发展的重要力量。通过与得力助手的紧密合作，你可以更好地了解公司的内部情况，掌握员工的需求和动态，从而做出更加明智的决策。同时，得力助手也能够为你提供宝贵的意见和建议，帮助你发现潜在的问题和机遇，推动公司不断向前发展。

然而，在培养得力助手的过程中，你也需要注意一些原则和底线。首先，你不能滥用职权，将助手视为个人的附庸或工具。你应该尊重他们的独立性和自主性，给予他们足够的空间和机会去发挥自己的才能。其次，你要保持公正和公平的态度，不能因为某些人是得力助手就偏袒他们，忽视其他员工的权益和利益。最后，你要时刻保持清醒，不要被权力和私欲冲昏了头脑，始终以公司的整体利益为重。

你也要明白"水能载舟，亦能覆舟"这个道理。在管理中，管理者往往依赖于一些得力助手来执行任务和决策。然而，这种依赖需要谨慎处理，既要发挥得力助手的长处，又要防止他们滥用权力。

第四章 团队管理：不仅要有人才，还要提升战斗力

管理者对得力助手的信任是必要的，但过度的信任则可能导致问题。起初，得力助手可能会表现出极高的忠诚和敬业精神，但随着时间的推移，如果没有适当的监督和制约，他们可能会开始滥用职权，甚至出现欺上瞒下的行为。历史上不乏这样的例子，许多奸臣最初都是忠诚的臣子，但由于君主的过度信任，他们逐渐变得专权和腐败。

为了避免这种情况，你需要合理地对待得力助手，既要给予信任，也要设置界限和监督机制。这需要管理者具备辨别是非的智慧和公正无私的态度。你应该鼓励得力助手发挥其优点，同时也要警惕任何可能导致负面效应的行为。

在选拔得力助手时，管理者往往容易受到"同乡""同宗""同门""同学""同好"或"以前的老同事"等因素的影响。这种基于"同"字条件的选择，可能会导致管理者对某些人过于偏袒，从而忽视了他们的能力和品行。因此，你在选拔得力助手时，应该抛弃这种基于"同"字的偏见，以能力和品行为主要考量标准。

真诚是培养感情的基础，你与得力助手之间的关系应该建立在真诚和信任之上。只有当双方都以真诚相待，才能建立起真正的信任和合作。

此外，你还应该意识到，权力和责任是相辅相成的。在赋予得力助手权力的同时，也要明确他们的责任。通过建立透明的监督机制和公正的评价体系，可以有效地防止得力助手滥用权力，确保组织的健康运行。

当然，有了得力助手，站稳了脚跟之后，你也要有开放的心态，在职场上，任何靠近与分离都是正常的，千万不要抱着"他是我的得力助手，他不能离开我"这样的心态。你不能对他们抱有过高的期望。毕竟，他们也是人，人都有情感和欲望，都有可能改变。他们可能会在某

个时刻选择离开你，甚至背叛你，哪怕你曾经对他们很好。

这并不是说你要对人际关系持悲观态度，而是要明白，真正的稳定和安全来自自己。你应该广结善缘，与人为善，但也要有所保留，不要过于依赖他人。要相信，只要自己有能力、有发言权，总会有很多人想要靠近你，成为你的新朋友和新伙伴，甚至新的得力助手。这些人可能会给你带来帮助和支持，但也可能只是短暂的过客。关键在于你如何看待这些关系，如何维护自己的独立性和稳定性。

最后，请务必记住一点，无论是怎样的领导，都要不断磨炼自己的本事。你要不断学习与精进，这样才能吸引到越来越多的"正人君子"甘愿跟随在你身旁。否则，你身边都是一些"乌合之众"，只会"溜须拍马"，你在管理岗位也注定不会长久。

2. 手里没钱，怎么激励团队

激励团队最好的方式就是直接给予物质奖励，无论是加薪升职还是一笔丰厚的奖金，都能让他们提起干劲，为团队注入额外的能量。

然而，理想很美好，现实却很骨感。有的时候，上级分摊下来的团队资源有限，也就是说你手里没有多余的奖金与权力分配给属下，这个时候，该怎么办呢？

相比于物质上的金钱，其实还有其他的激励手段。

这就不得不提到心理学中的一个重要概念——马斯洛需求层次理论。

马斯洛的需求层次理论由美国心理学家亚伯拉罕·马斯洛在20世纪中期提出。该理论将人类的需求分为五个不同的层次，从基本的生理需求到更高级的自我实现需求，形成了一个金字塔结构。

第一层也是最底层的是生理需求，包括食物、水、睡眠和性等基本生存需求。这些需求是人类生活的基石，必须得到满足才能维持生命。

第二层是安全需求，涉及人身安全、健康保障、财产稳定等方面。当生理需求得到满足后，人们会追求安全感，希望生活在一个稳定、可预测的环境中。

第三层是社交需求，包括友谊、亲情、爱情等人际关系。人类是社会性动物，渴望与他人建立联系和互动，满足归属感和被接纳的需要。

第四层是尊重需求，包括自尊、自信、成就感等。当人们的社交需求得到满足后，他们开始追求自我价值的体现，希望得到他人的认可和尊重。

最后一层是自我实现需求，指个体追求自我潜能的发挥和实现个人目标的愿望。这是最高层次的需求，只有当其他需求都得到满足后，人们才会追求自我实现，追求个人成长和发展。

20世纪70年代，通用数据公司的一个工程师团队在几乎没有收到任何来自管理者的物质激励的情况下，成功地研发出了新一代的电子计算机。这款新一代电子计算机使通用数据公司长期保持电子计算机技术的领先地位。

让人好奇的是，在没有任何物质激励的情况下，是什么促使了这个工程师团队主动研发新产品呢？这个问题引起了许多人的关注和思考。

首先，这个团队由一群充满激情和才华的工程师组成，他们对技术有着深厚的热爱和执着的追求。他们相信通过自己的努力和创新，可以改变世界并推动科技的进步。这种对技术的热爱和追求成为他们工作的动力源泉，让他们愿意为公司的发展贡献自己的智慧和力量。

其次，这个工程师团队在研发过程中也面临了许多挑战和困难。他们需要面对技术的局限性、资源的匮乏以及竞争对手的压力等种种问题。然而，正是这些挑战激发了他们的创造力和团队合作精神。他们通过不断探索和实践，攻克了一个又一个难题，最终成功研发出了新一代的电子计算机。这种克服困难的过程不仅锻炼了他们的技术能力，也增强了他们的信心和毅力。

此外，这个工程师团队还受到了一些非物质激励的支持和鼓舞。他们的上级领导对他们的工作给予了充分的支持和信任，为他们提供了必要的资源和条件。同时，他们也得到了同事和同行的认可和赞赏，这种认可和赞赏成为他们继续前进的动力。虽然他们没有得到直接的物质奖励，但是这种精神上的支持和鼓励对于他们来说同样重要。

尽管这个工程师团队取得了巨大的成功，但是有些人仍然为自己没有得到相应的研发奖励而感到痛心，他们认为自己的付出和努力应该得到更好的回报和认可；也有人因为没有得到应得的晋升而感到沮丧，他们认为自己的能力和贡献应该得到更高的职位和待遇。

然而，当他们谈起这个伟大的项目时，热情就被重新燃起，对公司及未来又再次恢复了希望。他们意识到自己参与了一个不平凡的事业，这个事业不仅仅是为了个人的利益，更是为了整个公司的发展和进步。

因此，尽管没有得到物质上的奖励，这个工程师团队仍然保持着对工作的热爱和投入。

管理者所持有的魔法，并非寻常人所能想象的。这种魔法能够让员工感受到他们正身处一种充满价值、独特且非同寻常的事业洪流之中。这种魔法并非简单的物质激励或精神鼓励，而是源自对价值观的深刻理解和认同。

管理者的责任在于激发团队的热情，让他们全身心地投入自己热爱的事业中。这不仅仅是为了个人的成就，更是为了公司的目标，为了那些高于自身的更伟大的理由和意义。这种对价值观的激励，能够产生远比物质激励和精神激励更为深远的影响。

当员工感到，他们的工作不仅仅是一份职业，而是一种使命，一种对社会、对他人有所贡献的方式时，他们的工作热情和投入度将会大大提升。他们会更愿意为公司的目标而努力，更愿意为了那些高于自身的更伟大的理由和意义而付出。

这种价值观上的激励，需要管理者具备深厚的人文素养和高尚的品德。他们需要能够理解员工的内心世界，能够与员工建立深厚的情感联系，能够引导员工发现并追求那些真正有价值的、独特的、非同寻常的事业。

3.给下属布置任务时需要注意什么

人们常有误解，认为只要方案很完美，其他问题就无须多虑。然而，将一个好方案束之高阁，它会自动生效吗？显然不会，它必须依赖于严格执行才能实现预期效果。

布置任务并不等于完成。对于领导安排的工作，下属未必会立即行动，也不一定能保证在质量和数量方面都落实到位。这也正是"上有政策，下有对策"这一说法的由来。因此，领导在布置任务后，还需要继续跟进和监督落实的情况。

此外，即使任务已经布置完毕，执行者可能还需要时间去理解执行的意图、要点、方法、步骤和技巧等。这个过程可能需要示范、演练和指导等环节。而在真正执行的过程中，可能会遇到各种障碍和挑战，如何应对这些未知因素也是执行过程中需要考虑的问题。

在竞争激烈、情况复杂的社会环境中，任何事情都不可能处于一个理想的"真空世界"。这意味着，在执行过程中，可能会遇到各种预料之外的问题和挑战。这就要求执行者不仅要有坚定的决心和毅力，还要具备灵活应变的能力。

因此，仅仅有一个好方案是不够的，更重要的是，要有不折不扣的执行力。只有当方案得到真正的落实，才能发挥其应有的作用。这就需要我们在执行过程中，不断地学习、探索和改进，以适应不断变化的社会环境。

在给下属布置任务时，为了确保工作的顺利进行，你通常需要提供明确的步骤，或强调关键的节点。

然而，并非所有的任务都可以通过详细的步骤来描述。例如，在准备一个培训班时，你可能无法列出所有具体的操作步骤。在这种情况下，你应该强调几个关键点。比如，讲义、幻灯片和音响设备的准备与调试是至关重要的。这些元素对于培训的成功至关重要，因此必须给予足够的重视。

在下属接受任务时，你也应该提醒他们养成记录的习惯。因为一般人很难同时记住七件以上不同的事情，所以携带笔和工作笔记本是非常必要的。这样，他们可以随时查阅自己记下的要点，确保不会遗漏任何重要的细节。

仅仅布置任务并不意味着任务已经完成。实际上，任务的布置只是开始，真正的挑战在于责任者如何去落实这些任务。落实的过程中可能会遇到各种预料之外的问题，这就要求责任者具备解决问题的能力和灵活性。即使任务得到了落实，其效果也不一定能够完全达到预期。可能会受到多种因素的影响，如资源的限制、时间的紧迫或其他外部条件的改变。

在我们的日常生活中，常常会听到人们说，"我已经按照要求去做了"，或者"我已经尽力了"。但是，这些话语背后真正的问题是什么呢？一个公司的存在并不是因为我们做了什么，而是因为我们取得了什么样的成果。所以，无论我们有多么充分的理由，无论我们采取了多么完善的行动，都不能弥补错误的结果或无效的结果。

有时候，人们可能会感到困惑：完成任务不就是落实了吗？这正是任务的某些假象迷惑人的地方。实际上，布置下来的任务并不等于完成。而且，即使一个看似简单的任务从布置到完成，在执行的过程中也并非一定能落实到位。

举个例子来说，假设你是一名销售员，你的任务是向客户推销产品。你可能会按照要求去拜访客户，介绍产品，甚至可能会尽最大努力去说服客户购买。但是，如果最终客户并没有购买你的产品，那么你的努力就白费了。因为在这个例子中，销售产品的结果才是最重要的。

再比如，你是一名学生，老师布置了一项作业。你可能会按照要求去完成作业，并且可能会尽最大努力去确保作业质量。但是，如果最终作业没有得到好成绩，那么你的努力同样也可以说是白费了。因为在这个例子中，结果也是最重要的。

在一座古老的寺庙里，有一个小和尚，他每天的工作就是撞钟。这个任务看似简单，但对他来说却是一项重要的职责。然而，随着时间的推移，小和尚开始觉得这项工作变得毫无趣味。尽管如此，他仍然尽职尽责地每天按时撞钟。

有一天，老方丈宣布要将小和尚调到后院劈柴、挑水，原因是他认为小和尚不能胜任撞钟这一职责。这让小和尚感到非常委屈，他问道："我撞的钟难道不准时、不响亮吗？"

老方丈微笑着回答："你撞的钟确实很准时，也很响亮，但钟声却显得空泛、疲软、没有感召力。钟声的作用是唤醒沉迷的众生，因此撞出的钟声不仅要洪亮，而且要圆润、浑厚、深沉、悠远。"

看似简单的事情做起来并不容易，需要靠扎实的能力和实干的精神去落实。西方有句名言，"罗马不是一天建成的"，这句话深刻地揭示了成功背后的艰辛和付出。在现实生活中，很多人往往容易忽视这一点，认为只要布置了任务就等于完成了任务，或者觉得事情简单就容易做到。

然而，这种浮躁的心态只会让我们陷入困境。只有当浮躁被扎实代替，冲动被理智折服时，我们才能真正认识到"布置不等于完成，简单不等于容易"的道理。这是成就大事不可缺少的基础，也是我们在追求成功的道路上必须时刻铭记的准则。

4.面试时，领导如何辨别好员工

领导经常会遇到需要面试的情况，其实面试是一项重要的事情，因为它能帮助你挖掘新的人才，为自己的团队添砖加瓦。

那么问题来了，在面试的时候，如何辨别那些聪明人呢？

你肯定不能直截了当地去问应聘者："请问你聪明吗？"

你不仅得不到想要的答案，而且还会显得自己很没水平。

因此，要辨别应聘者是否聪明，需要从侧面的角度来了解。

第一，采用行为事例法。

你可以采用一种被称为"行为事例法"的评估技巧。这种方法的核心在于通过深入探讨应聘者过往的工作经历和处理过的具体案例，来洞察他们在特定情境下的实际表现和决策过程。

具体来说，面试官会询问应聘者在过去的工作中遇到的挑战、问题或者关键任务，并要求他们详细描述当时的情况、他们所采取的行动以及最终的结果。这样的提问方式有助于揭示应聘者在面对压力和挑战时的思考模式，以及他们如何运用自己的知识和技能来解决问题。

通过这种深入的对话，招聘方能够更好地理解应聘者在实际工作中的表现，而不仅仅是依赖于他们的自我描述或理论回答。例如，当被问及如何处理过去的一个复杂项目时，应聘者的回答可以展示他们的组织能力、团队合作精神、领导力以及面对困难时的应变能力。

此外，行为事例法还能帮助招聘方判断应聘者是否具备必要的聪明才智和适应能力。在不断变化的工作环境中，能够快速学习并适应新情况的能力是非常宝贵的。通过了解应聘者过去如何在不断变化的环境中做出反应和调整，招聘方可以预测他们未来在类似情况下可能的表现。

第二，观察应聘者的态度和行为。

通常，具有智慧的应聘者会展现出一种平衡的态度，他们既不会过于自负，也不会显得缺乏自信。他们的谦逊和低调源自对自己能力的清晰认识和对工作环境的尊重。同时，他们也会表现出强烈的自信心，这种自信基于他们过往的经验和知识积累，以及对新挑战的积极应对。

除了态度，这些聪明的应聘者还具备强大的执行力。他们不仅仅是空谈理论，而是能够将计划和想法转化为实际行动的人。他们知道如何设定目标，制定策略，并且能够坚持不懈地追求结果，直到任务完成。因此，如果你是面试者，就不要问一些诸如"如果是你，你会怎么做"这类假设性问题，因为这很空洞，也没有意义。你不如直接问："在你上一份工作中，你遇到过哪些具体的挑战，请试着讲一讲。"

在面试中，聪明的应聘者往往会展示出他们对细节的敏锐观察力和对复杂问题的理解能力。他们能够迅速捕捉到关键信息，并能够通过逻辑和分析来解决问题。这种能力表明他们能够在工作中有效地处理各种情况，无论是独立工作还是作为团队的一部分。

此外，他们对团队合作的态度也是一个重要的指标。聪明的应聘者通常都明白，无论个人多么优秀，团队合作仍然是成功的关键。他们会愿意倾听他人意见，分享自己的观点，并且在必要时，愿意为了团队的整体利益而做出妥协。

第三，了解应聘者的自驱力与目标感。

聪明的人往往展现出一种与众不同的特质，那就是他们通常拥有很强的自我驱动力和明确的目标意识。这种内在的动力和目标感使他们在面对挑战时能够坚持不懈，直到达成所追求的目标。例如，在减肥、戒烟或是维持一段长距离恋爱关系这些需要极大自制力和毅力的事情上，聪明人往往能够展现出他们的这种特质。他们不仅能够设定目标，还能够通过自我激励和持续的努力，成功地实现这些目标，无论是在保持健康的生活习惯方面，还是在维持情感关系的稳定上。

此外，聪明人往往具有较高的兴趣驱动，他们对于自己的兴趣和爱好充满热情。这种热情使他们在选择活动和工作时，往往会倾向于选择那些与自己兴趣相符的领域。他们不仅能够在工作中找到乐趣，而且能够在业余时间中追求自己的兴趣爱好，实现个人成长和发展。这样的生活态度不仅能够让他们在工作中保持高效和创造力，也能够在业余时间中获得满足和快乐，从而实现工作与生活的平衡。

第五章

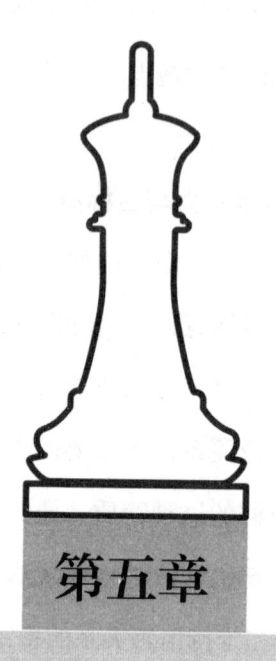

团队灵魂：一支高效团队是如何练成的

1. 三管五带七抓，业绩提升立竿见影

在企业或组织的管理实践中，"三管五带七抓"是一种高效的管理策略，它强调了对关键管理要素的精准把控。

先说"三管"。

具体来说，"三管"指的是对重要资源的管理，包括人力资源、财务资源以及物质资源（也就是人、财、物）三个方面，确保这些资源得到合理配置和高效利用。

人力资源管理涉及对员工的招聘、培训、评估和激励等方面的管理，确保每个员工都能在其最擅长的领域发挥最大的潜力，同时保持团队协同和高效运作。

财务资源管理则是指对企业的资金流动进行严格的监控和控制，包括资金的筹集、分配、使用和回收等各个环节。通过有效的财务管理，可以确保企业的资金得到合理的配置，优化资本结构，降低财务风险，提高资金使用效率，从而支持企业的持续发展和盈利能力。

物质资源管理则关注的是企业的物质资产，如对原材料、设备、成品等的管理。这包括采购、存储、维护、更新和处置等环节，目的是确保物质资源能够在成本效益最优的情况下，满足生产和销售的需求，同

时减少浪费和损耗，提升资源的使用效率。

再说"五带"。

在管理学中，"五带"是一个重要概念，它代表的是五个关键的管理流程或阶段。这些阶段是组织成功运作的基石，它们包括计划、组织、指挥、协调和控制。这五个环节相互衔接，确保组织的运作流畅无阻。

计划阶段是管理过程的起点。在这一阶段，你需要确定组织的目标和目标达成的策略。这包括了对组织内外环境的深入分析，以了解市场需求、竞争对手的状况以及组织内部的资源和能力。通过这一过程，你可以制订出明确的计划，为组织的未来发展方向提供指导。

接下来是组织阶段。在这个阶段，你需要根据计划来配置和分配组织的资源。这包括人力资源、物质资源和财务资源的安排。你还需要确定组织结构，明确各个部门和个人的职责和权限，以确保计划得以顺利实施。

指挥阶段是管理过程的核心。在这一阶段，你需要向员工传达目标和期望，激励他们为实现组织的目标而努力。这通常涉及领导者的领导风格和沟通技巧，以及如何激发员工的积极性和创造力。

协调阶段则是确保组织内部各个部门和员工之间的协同工作。在这一阶段，你需要确保信息在不同部门之间流通，解决可能出现的冲突和问题，以便组织能够高效地运作。

最后是控制阶段。在这一阶段，你需要监控组织的绩效，确保组织按照既定的计划和目标进行运作。这通常涉及设定关键绩效指标（KPI），以及对实际绩效与预期绩效的比较。如果出现偏差，你需要采取措施进行调整，以确保组织能够回到正确的轨道上。

第五章 团队灵魂：一支高效团队是如何练成的

最后说"七抓"。

"七抓"策略是一种全面而细致的管理方法，它强调对组织运营中七个至关重要的环节进行深入的关注和精细的管理。这些关键环节包括市场开拓、产品质量、客户服务、团队建设、创新研发、成本控制以及风险管理。

市场开拓是企业生存和发展的基础，通过不断的市场调研和营销策略的优化，企业能够发现新的商机，拓宽销售渠道，增强品牌的市场占有率。

产品质量是企业立足之本，只有通过严格的质量控制和持续的产品改进，才能确保产品能够满足甚至超越客户的期望，从而赢得市场的认可和信任。

客户服务是建立和维护客户关系的重要环节。通过提供优质的服务，及时响应客户的需求和反馈，组织能够建立起良好的客户口碑，增强客户的忠诚度。

团队建设是提升组织执行力的关键。通过培养高效的团队合作精神和提升员工的专业技能，组织能够形成一个充满活力和创造力的工作环境，提高整体的工作效率。

创新研发则是推动组织持续发展的动力源泉。通过不断的技术创新和产品开发，组织能够保持其在行业中的领先地位，以应对市场的快速变化。

成本控制是提高组织盈利能力的必要途径。通过精细化的成本管理和优化生产流程，组织能够在保证产品质量的同时，有效降低生产成本，提高经济效益。

风险管理是确保组织稳健运行的重要保障。通过对潜在风险的识别、评估和制定相应的应对措施，组织能够减少不确定性带来的负面影响，确保长期的稳定发展。

采用"三管五带七抓"的管理策略，组织能够实现业绩的快速提升，效果可以说是立竿见影，几乎可以立即看到成效。这是因为"三管五带七抓"的策略涵盖了管理的各个方面，确保了组织运作的高效性和目标的明确性。当这些管理措施得到有效执行时，组织的运营效率会显著提高，业绩提升也就自然而然地显现出来，成为所有成员都能看到的实际成果。

2.科学分配任务，下放权力要找对人

在组织和管理工作的过程中，科学地分配任务是提高效率和促进团队协作的关键。为了确保每个任务都能得到恰当的处理，你必须根据团队成员的专业技能、经验和工作负荷来合理分配职责。这不仅有助于提升团队的整体工作效率，还能确保每个成员都能在其擅长的领域发挥最大的潜力。

与此同时，下放权力是提高团队自主性和积极性的重要手段。通过将决策权和执行权下放给团队成员，你可以激发他们的创造力和责任感，从而促进团队的创新和自我管理。然而，这一过程并不是随意的，而是需要精心策划和执行的。

第五章 团队灵魂：一支高效团队是如何练成的

关键在于要找到合适的人，因此你需要对团队成员进行深入的了解，识别出那些具有相应能力、判断力和责任心的人员。选择正确的人来承担特定的任务和权力，不仅可以确保任务得到有效执行，还可以培养团队成员的领导能力和自信心。

那么问题来了，在下放权力的时候，如何平衡员工自主和外在监督的关系呢？

第一，作为管理者，你可以通过设定清晰、可量化的目标来引导下属的工作方向。这些目标应该与组织的整体战略紧密相连，并且对于下属来说既具有挑战性又能够实现。通过这样的目标设定，下属不仅能够明确自己的工作职责，还能够在完成这些目标的过程中感受到成就感。

第二，绩效指标是监督过程中不可或缺的工具。它们可以帮助管理者量化下属的工作成果，从而更加客观地评估下属的表现。绩效指标应该涵盖多个方面，比如工作质量、工作效率、团队合作以及创新能力等。通过定期检查这些绩效指标，你可以及时了解下属的工作进展，并在必要时提供反馈或调整目标。

第三，建立良好的沟通机制也是确保下属自主性得到正确引导的关键。你需要与下属保持开放、频繁的沟通，以便及时了解他们在工作中遇到的困难和挑战。通过这种方式，你可以为下属提供必要的支持和指导，帮助他们克服障碍，同时也能够收集到下属对工作流程和管理方式的反馈，进而不断优化管理策略。

第四，在实施权力下放的过程中，一个关键的环节是确保下属能够清晰地认识到他们所承担的责任和义务。这不仅有助于明确每个人的工作职责，还能促使他们更加主动地投入工作中。因此，你应当建立一套明确的责任体系，这样，下属在明确了解自己的职责后，会更加主动去承担责任，从而保证任务的顺利完成。

第五，你还需要在团队中培养一种问责文化，这也就是说，每个员工都应当对自己的任务负责，不仅仅是完成任务，还要对结果负责。这样的文化氛围有助于确保团队的整体目标得以实现，因为每个人都知道自己的工作是如何与团队的整体目标相结合的。

第六，权力下放的过程应该是公开和透明的，这样可以确保所有下属都能看到权力是如何被分配的，避免出现不公平的现象。同时，权力的分配应该根据下属的能力和表现来进行，这样可以确保权力被合理地分配，避免权力过于集中或权责不对等的情况发生。

第七，通过建立一个公平公正的权力分配机制，可以增强团队成员之间的信任感，因为他们知道自己的努力会得到公正的评价和回报。这种信任感和工作积极性的提高，将有助于提高整个团队的绩效，使得团队更有效率和凝聚力。

3. 授权与控权，关键在于平衡

在现代管理实践中，管理者面临着一个微妙而复杂的挑战——如何在控权与授权之间找到一个恰当的平衡点。一方面，如果管理者过度控制权力，过分干涉员工的日常工作，可能会带来一系列不利的后果。员工可能会感到自己的能力受到限制,缺乏足够的空间来展示个人的判断力和创新能力。这种过度的控制会抑制员工的自主性,使他们在执行任务时变得机械化,不愿意或不敢于尝试新方法和创新解决方案。长此以往,这不仅会导致工作效率的下降,还会影响员工的工作满意度和忠诚度,甚至可能导致人才流失。

另一方面,如果管理者过度授权,给予员工过多的自由度而不加以适当的指导和监督,也可能会产生一系列问题。在这种情况下,员工可能会感到方向不明确,缺乏必要的支持和资源,从而难以有效地完成工作。更重要的是,过度授权可能会导致管理上的失控,使组织面临潜在的风险和混乱。员工可能会因为缺乏清晰的目标和指导而做出不符合组织利益的决策,或者在工作中出现重大失误,给组织带来损失。

为了在授权与控制之间找到一个恰当的平衡点,你必须展现出灵活性和敏锐的判断力。你需要根据团队面对的具体情境以及员工的个人能力和发展水平来调整管理策略。对于那些表现出色、能力出众的员工,你可以采取更加宽松的管理方式,赋予他们更多的自主权,允许他们在一定的范围内自行做出决策,并鼓励他们进行创新尝试。这种放权不仅能够激发员工的潜能,还能促进企业的创新发展。

相反,对于那些刚刚加入团队的新员工或者是在特定任务上还需要额外指导的员工,你需要采取更为直接的控制手段。这包括为这些员工提供明确的方向和指导,以及对他们的工作进行监督,确保他们能够按照既定的标准和流程完成任务。

你需要通过日常的互动,展现出你对员工的尊重,认可他们的工作,并且对他们的贡献表示赞赏。同时,你也需要通过公正和一致的行为，建立起员工对你的信任。

为了确保团队的顺畅运作，你还应该将决策过程和管理原则保持透明。你需要与员工分享决策背后的逻辑和原因，让他们明白这些决策是如何做出的，以及它们对团队和组织的意义。当员工理解了管理的原则和期望时，他们更能够在工作中自我导航，明确自己的角色和责任。

透明度不仅有助于员工理解他们工作的背景，还能增强他们对管理层决策的信任。这种信任是双向的，员工也会因此更加愿意向管理层提供反馈和建议，从而促进沟通和协作。

此外，通过建立这种基于信任和透明度的环境，你可以有效地提升员工的积极性和责任感。员工会感到他们被赋予了一定的自主权，可以在工作中发挥主动性和创造性。这种授权感会激励他们在工作中投入更多热情，同时也会更加认真地对待自己的职责。

你也需要注意，授权并非一蹴而就的事情，它需要经过精心的规划和逐步实施。在这个过程中，你应该采取循序渐进的策略，而不是急于一步到位，这样可以避免因为授权过快而导致局面失控。

你可以制订一个合理的授权计划。这个计划应该详细列出哪些工作是可以授权的，以及这些工作应该如何逐步转移给员工。例如，可以从一些简单、风险较低的任务开始，让员工在完成这些任务的过程中逐渐积累经验和信心。随着员工能力的提升，你可以逐步将更复杂、更重要的任务委托给他们。这样的授权计划不仅有助于员工的成长，也能确保工作的连续性和稳定性。

授权的基础是信任，没有信任，授权就无法顺利进行。因此，你需要建立和维护与员工之间的信任关系。这包括对员工的工作能力有信心，对他们的职业操守有信任，以及对他们的责任感有信赖。当员工感受到领导对他们的信任时，他们往往会更加积极地投入工作中，更好地完成任务。

同时，你也需要意识到，授权并不意味着放弃控制。在授权的同时，你要设定明确的工作目标和绩效标准，并通过定期的沟通和反馈，监控工作进展，确保员工的工作方向和公司的整体目标保持一致。这样，即使在充分授权的情况下，也能保证工作的质量和效率。

4. 给团队吃草就是羊，给团队吃肉那就是狼

一个团队的性格和行为模式，往往不是由团队成员自身固有的特质决定的，而是深受管理者的影响。管理者的角色就像是牧羊人或驯兽师，他们的领导方式、价值观，以及对团队的期望和激励，都像是给羊群或狼群喂食的"饲料"。这些"饲料"决定了团队成员的行为习惯和工作态度，塑造了团队的整体风貌。

如果管理者给予的是积极的激励、明确的目标和适当的自主权，那么团队成员就像是被赋予了狼性的"狼群"，他们会展现出主动性、攻击性和团队协作精神，勇敢地面对挑战，积极地追求目标。他们在工作中会表现出强烈的责任感和创造力，能够在竞争激烈的环境中生存下来，甚至成为领头羊。

相反，如果领导者提供的是消极的批评、模糊的方向和过度的控制，那么团队成员就可能变得像羊一样，缺乏主见，对变化和挑战感到恐惧，依赖性强，不愿意冒险，也不愿意承担额外的责任。这样的团队往往在竞争激烈的环境中处于劣势，难以实现长远的发展。

如果领导者仅仅停留在为团队成员提供最基础的资源，不给予更多的激励和支持，这种做法可以比喻为让他们处于一种仅仅能够维持生存的状态，就像是只能吃到草的动物一样。在这种情况下，团队的整体表现很可能会变得消极，缺乏主动性和上进心。成员们可能会变得满足于现状，不愿意冒险尝试新事物，他们的行为模式可能更像是一群温顺的羊，而不是勇敢领跑的狼。

在这样的团队中，成员们可能会机械地执行任务，按照既定的程序和规则行事，但他们的工作很难突破常规，很难带来那种打破常规的创新思维和行动。由于缺乏足够的动力和激情，团队的创造力和生产力可能会受到限制，这在长远来看，可能会影响团队的竞争力和成功。

相反，如果领导者能够为团队提供更丰富的资源，激励他们追求更高的目标，就像是给他们吃肉一样，那么团队就会变得更加凶猛和有竞争力，就像狼群一样。在这样的环境中，团队成员被鼓励去探索新的可能性，挑战现状，并且积极寻求成长和发展的机会。

这样的团队往往能够展现出卓越的业绩，因为他们不仅满足于完成任务，而是致力于创造更大的价值和影响力。他们不再局限于简单地完成工作，而是主动寻求创新和改进的方法。他们勇于面对挑战，敢于冒险，并且不断寻找机会来提升自己的能力和技能。

在这样的团队中，每个成员都被视为一个重要的贡献者，他们的意见和建议都被认真对待和倾听。领导者鼓励团队成员之间的合作和互助，促进彼此之间的学习和成长。他们相信团队的力量，相信通过共同努力，可以取得更大的成就。

这种团队文化激发了每个成员的潜能，使他们感到自己的重要性和价值。他们不再只是被动地接受任务，而是积极主动地参与工作，提出自己的想法和建议。他们愿意承担风险，尝试新的方法和策略，以实现团队的目标。

因此，这样的团队往往能够在竞争激烈的环境中脱颖而出。他们不仅能够完成任务，还能够超越预期，创造出更大的价值和影响力。他们的成功不仅仅取决于个人的能力，更取决于团队的凝聚力和合作精神。

5.公平考核，让每一个下属放心

在组织管理的众多职责中，设计和实施一套公平的考核制度无疑是一项至关重要的任务。这一制度的目的是确保每个员工的工作表现得到准确和公正的评价，从而促进整个组织的健康发展和员工的个人成长。

那么问题来了，该如何制定一套公平的考核目标呢？

第一，明确目标和期望。

你需要积极地与团队成员进行沟通，明确传达组织的长期愿景和短期目标。这种沟通不应该仅限于一次性会议或讨论，而应该是一个持续的过程，通过定期的更新和反馈机制来维护。

第一，你需要组织团队会议，或者在适当的场合下，与团队成员进行一对一交流，详细解释组织的长期目标是什么，这些目标是如何与组织的使命和愿景相联系的。同时，你也需要清晰地阐述短期目标，这些短期目标是如何在实现长期目标的过程中起到关键作用的。通过这样的沟通，你可以确保每个团队成员都能够理解他们的工作是如何对组织的整体成功作出贡献的。

第二，你需要确保每个人都明白他们的角色和期望。这意味着你需要与团队成员讨论他们的职责范围，以及他们需要达到的具体业绩指标。在这个过程中，你应该鼓励团队成员提出问题，以确保他们完全理解自己的角色和期望。这样，每个人都能够在清晰的框架内工作，知道他们的努力方向和预期成果。

第三，你要设定考核的具体标准。你需要根据组织的长期目标和短期目标，以及团队成员的角色和期望，制定出一套公正、透明且可衡量的考核标准。这些标准不仅应该涵盖业绩指标，还应该包括团队合作、创新能力、领导力等其他重要的职业素养。通过这样的标准，员工可以清楚地知道他们将如何被评估，以及他们在哪些方面需要提高。

第四，你应该确保这个过程是双向的。也就是说，除了你向团队成员传达信息，你还应该鼓励他们提供反馈，表达他们对目标、角色和考核标准的看法。这样的开放沟通可以帮助你更好地理解团队的需求和挑战，从而调整策略，确保团队能够更加有效地朝着既定目标前进。

第二，设计全面的考核指标。

在构建一个全面而有效的考核制度时，你应当充分考虑到员工表现的多维度特性。这也就是说，除了传统的量化指标，还应当融入定性指标，以便更加全面地评价员工的工作表现。

量化指标的优势在于其客观性和易于比较的特点。例如，销售额可以直观地反映销售人员的业绩，项目完成率则可以衡量项目管理者的工作效率和团队协作能力。这些指标通常具有明确的衡量标准，便于管理层进行量化分析和评估。

然而，员工的表现不仅仅局限于可以量化的数据。定性指标也同样重要，它们通常关注于个人的行为、态度以及与团队的互动等方面。例如，团队合作能力是一个关键的定性指标，它涉及员工与同事沟通、协作解决问题，以及共同达成目标的能力。创新能力则是另一个重要的定性指标，它不仅包括提出新想法的能力，还包括将这些想法转化为实际行动并产生积极影响的能力。

为了确保考核制度的公正性和有效性，管理层应当制定一套明确的评价标准和流程，对员工的定量和定性表现进行综合评估。这可能包括定期的绩效评估会议、360度反馈机制以及自我评估等多种形式。通过这样的多元化评价方式，可以更全面地了解员工的工作能力、工作态度以及他们对团队和组织的贡献。

第三，确保透明性。

为了确保制度的公正性和有效性，它必须建立在透明的基础之上。组织内的所有员工都应该能够轻松地获取关于考核标准和流程的详细信息，并且能够充分理解这些信息。

当员工能够清楚地了解他们的表现将如何被评估，以及这些评估将如何影响他们的职业发展和薪酬时，他们就更有可能接受并支持这一制度。这种透明度不仅有助于员工对考核制度本身有一个清晰的认识，而且还能够消除他们心中可能存在的不确定性和猜疑。

不确定性和猜疑是工作场所中不和谐的源泉，它们可能导致员工感到不满和不安，甚至可能影响他们的工作表现和团队合作。然而，当员工确信考核制度是公开且透明的，他们就会更加信任这一制度，因为他们知道每个人都在同样的标准下被公平对待。

此外，透明的考核制度还有助于建立一个以绩效为导向的文化，每一名员工都明白他们的努力和成果是能够被看见和奖励的。这种文化鼓励员工专注于提高自己的工作表现，因为他们知道这将直接影响到他们的职业发展。

第四，引入多方反馈。

仅仅依靠直接上级的个人评价可能会带来偏见，并可能无法全面反映一个员工的工作表现和能力。因此，你应当考虑引入一种更为综合的评估机制，即360度反馈系统。

360度反馈机制是一种全方位的评估方法，它涉及从多个角度收集关于员工表现的反馈。这种机制的核心思想是，一个人的工作表现不仅仅是对直接上级的责任，还包括与同事、下属以及内外部客户的互动。通过这种方式，你可以获得一个更全面的员工表现画像，从而做出更加均衡和客观的评价。

在这种机制下，同事可以提供关于员工团队合作能力和人际交往能力的反馈；下属可以评价直接上级的领导风格和管理能力；而客户则可以从服务或产品质量的角度提供宝贵的意见。这样的多维度反馈不仅能够揭示员工的强项，也能够指出他们需要改进的地方。

实施360度反馈机制需要一定的组织架构支持和流程设计，以确保收集到的反馈是匿名的、客观的，并且能够以建设性的方式被使用。此外，还需要对员工进行培训，让他们理解这一机制的目的和重要性，以及如何给出有帮助的反馈。

第五，定期进行审查和调整。

任何事物都不是永久不变的，考核制度也是如此。随着时间的推移和外部环境的变化，一个曾经有效的考核制度可能会变得不再适应当前的需要。因此，考核制度绝不应该是固定不变、墨守成规的。

因此，你有责任确保考核制度的持续适应性和有效性。这也就是说，你需要定期对现有的考核制度进行深入的审查和评估。这种审查不应仅是形式上的，而应该是一种全面的、批判性的分析，旨在识别制度中的任何缺陷或不足之处。

在进行审查时，你应该考虑组织内部的变化，如结构调整、战略转变或工作流程的优化。这些变化可能会对考核标准和方法产生影响，使得原有的制度不再符合新的组织目标和工作要求。

另外，随着行业趋势的变化、竞争对手的策略调整以及客户需求的演变，组织可能需要调整其业务重点和工作重心。在这种情况下，考核制度也应当相应地进行调整，以确保它能够反映并支持组织在市场中的新定位和策略。

员工反馈是另一个重要的考量因素。员工是考核制度的直接受众，他们对于制度的公正性、透明度和激励作用有着切身的感受。你应该倾听员工的意见和建议，了解他们对于考核制度的看法，这有助于发现可能被忽视的问题，并确保制度能够得到员工的广泛接受和支持。

第六，保持公正无私。

在整个考核过程中，管理者扮演着至关重要的角色。你必须始终保持客观和公正的态度，以确保评估过程的公平性和透明度。你需要摒弃任何可能影响判断的个人偏好或先入为主的观念，避免在评价员工时出现任何形式的偏见和歧视。

为了做到这一点，你首先要做的，就是将员工的利益放在首位，而不是让个人的好恶或外界的压力影响自己的决策。道德标准还要求你在面对可能的利益冲突时，能够坚守原则，做出正确的选择。

除了道德标准，专业素养也是管理者在考核过程中不可或缺的。这涉及对工作内容的深入理解、对评估标准的准确把握，以及对员工表现的敏感观察。专业素养使管理者能够基于事实和数据做出判断，而不是依赖直觉或主观感受。它还要求你持续学习和更新知识，以跟上行业的最新发展，确保他们的评估方法和技术是先进和适用的。

6.以贡献论报酬的公正原则

在现代组织管理中，以贡献论报酬的公正原则被广泛认为是确保员工满意度和提升组织效能的关键。这一原则的核心思想是，员工的报酬应当与其对公司或组织所作的贡献成正比。这种分配机制不仅是基于简单的工作量计算，而是涉及员工的工作质量、创新能力、团队合作精神以及对组织目标的贡献程度。

实施以贡献论报酬的公正原则，可以带来多方面的积极影响。

第一，它能够激发员工的内在动力，使他们意识到个人的努力和成就将直接影响到自己的收益。这种认知可以促进员工更加主动地承担工作责任，更加热情地投入工作中，从而提高整体的工作效率和创造力。

第二，当员工看到自己的努力得到了公正的评价和相应的回报时，他们对组织的归属感和忠诚度也会随之增强。这种情感上的投入对于建立稳定的工作环境和培养长期的员工关系至关重要。员工的忠诚和对组织的认同感，可以减少人才流失，降低招聘和培训新员工的成本。

第三，公正的报酬体系还能够提升组织的竞争力。当员工相信他们的努力会得到公平的回报时，他们更有可能将自己的才能和创新思维贡献给组织，这样的积极循环可以推动组织不断进步和发展。

然而，要在实践中运用好这种公正原则，你必须做到最大限度的公正无私。在决策过程中，私人关系和偏好不应有任何位置，特权现象必须被坚决杜绝。只有这样，员工才会相信自己的努力和贡献是能够被看见并得到妥善评价的。在这种环境下，员工会更有动力去追求卓越，因为他们知道，只要为团队和组织作出了贡献，他们就会得到与之相匹配的回报。这种基于绩效和贡献的激励机制，最终将推动组织整体绩效和市场竞争力的全面提升。

当然，要实施公平公正原则并非没有挑战。

第一，如何准确评估每个人的贡献大小是一个复杂的问题。这需要建立一套科学、合理、透明的评价体系，以确保每个人的贡献都能得到公正的衡量。

第二，在具体的操作中，这种原则可能会带来一些副作用。特别是，它可能会在一定程度上加剧员工之间的竞争。当员工们为了个人的绩效评价而相互竞争时，可能会导致团队合作精神的削弱，甚至可能引发不必要的内部竞争和冲突。在这种情况下，团队成员可能更加关注个人成就而非团队整体的目标和成果，这对于强调团队协作的组织文化来说是一个不利的趋势。

因此，身为管理者的你面临着一个两难的局面：一方面，你需要激励个人贡献，以推动组织的整体发展和创新；另一方面，你也需要维护团队的协作和内部和谐，确保团队成员之间能够有效沟通、协作，共同实现组织目标。

解决这一问题的关键在于找到平衡点，即在鼓励个人卓越的同时，也要强调团队合作的重要性。这可能需要设计一些既能激发个人积极性又能促进团队精神的激励机制，比如，团队奖励、共享成功的经验等。

7.开会技巧：好的开头，会议就成功了一半

常言道："一个好的开头，就是成功的一半。"

其实，对于会议来讲，也是如此。然而，令人遗憾的是，很多领导者在面对如何开会这个问题时，却显得有些无所适从，甚至有些人在开会的时候不知道该说些什么。这种状况，其实就已经预示着这场会议的

失败。

开会，看似简单的行为，实则包含了很多的学问。一个成功的会议，需要有明确的目标、有序的流程、有效的讨论以及合理的时间安排。而这些，都需要领导者在开会之前做好充分的准备和规划。

第一，明确会议目的。

在正式召开会议之前，领导需要明确并且向所有参与者传达会议的核心目标以及所期望达成的具体成果。这一步骤是至关重要的，因为它能够确保每一位参会者在会议伊始就对会议的宗旨和方向有着清晰且一致的认识。当会议的目的被明确定义后，参与者就能够更加专注地投入会议中，他们的思想和注意力将更加集中在讨论与会议目标紧密相关的议题上。

这种共同的目标意识不仅有助于提高会议的效率，还能够促进团队成员之间的协作，使得讨论更有针对性和生产性。

第二，做好充分准备。

为了确保会议的顺利进行和高效率，领导需要提前做好充分的准备工作。首先，制定会议议程是领导的重要职责之一。会议议程不仅是会议进行的蓝图，也是与会者了解会议内容和目标的关键文件。

领导在准备会议议程时，必须确保其内容与会议的目的紧密相连。这样的安排有助于保证会议始终聚焦于主题，避免无关的话题占用宝贵的时间，从而使会议更加高效和有成效。

领导还需要确保所有必要的演示材料或数据都已经准备妥当。这些资料可能包括幻灯片、图表、报告或其他任何可以有效传达信息和促进讨论的辅助工具。领导应该确保这些材料的内容准确无误，格式清晰，易于理解，以便在会议中能够清晰地展示和解释关键信息。

通过提前准备好这些材料，领导可以在会议中更加自信地引导讨论，确保信息传递既有效又具有说服力。这不仅有助于提高会议的效率，也能够增强与会者对会议内容的理解和参与度，从而提升整个会议的质量和成果。

第三，设定合适的氛围。

领导可以通过一段简短而热情的欢迎致辞来打破会场的静谧，这样的开场白不仅可以缓解与会者的紧张情绪，还能传递出领导的友好和开放态度。在这段欢迎词中，领导可以对与会者的到来表示感激，并对会议的目的和重要性进行简要说明，从而为会议的顺利进行奠定基础。

接下来，领导可以采取一些措施促进与会者之间的相互了解。例如，领导可以组织一轮简短的自我介绍，让每位与会者有机会说出自己的名字、职位以及与会议议题相关的背景信息。这样的互动不仅有助于建立团队间的联系，还能让与会者感到自己是会议重要的一部分，从而更加积极地参与会议讨论。

此外，领导还可以通过分享一些轻松的业务案例来营造轻松愉快的氛围。这些开场白可以是关于行业的趣闻逸事、一则幽默的小故事，或者是一些富有启发性的案例。这种轻松的交流有助于打破僵局，让与会者在轻松的氛围中放松下来，同时也能激发他们的创造力和参与热情。

第四，做好时间管理。

在进行会议组织和管理工作时，领导必须特别关注会议的时间安排，这是确保会议顺利进行的关键因素。首先，领导需要明确地强调会议的开始时间，并提前通知所有参与者，以便他们能够做好相应的准备，按时参加会议。这种对时间的严格要求不仅体现出对参与者个人时间的尊重，而且有助于营造一种专业和高效的工作氛围。

此外，领导还需要确保会议能够严格按照预定的时间结束。这也就是说，会议议程应该事先精心规划，分配给每个议题的时间应该合理，避免不必要的拖延。领导在会议进行中应当积极引导讨论，确保每个环节都能够紧凑高效地完成，从而保证会议能够在规定的时间内顺利结束。

第五，明确分配角色。

在组织会议时，为了确保会议能够高效有序地进行，领导需要对会议的各个角色进行明确的分配。如果会议的性质需要主持人来引导讨论，或者需要记录员来详细记录会议内容，甚至可能需要其他一些特定职能的角色，领导应该在会议正式开始之前，就对这些关键职责进行明确和具体分配。

这样做的好处是多方面的。其一，它有助于确保会议的流程能够顺畅无阻地展开。每个参与者都能清楚地了解会议的进程和安排，从而避免混乱和误解。其二，当每个人都知道自己在会议中的具体职责时，他们可以更加专注地投入到会议中，这不仅提高了会议的效率，也增强了参与者之间的协作和沟通。

此外，明确分配角色还有助于提升会议的专业性和严肃性。当每个人都意识到自己的角色和责任时，他们会以更加认真和负责的态度参与会议，这对于达成会议目标和产出有效的会议成果至关重要。

第六，鼓励参与和沟通。

领导可以通过提出开放式问题来鼓励大家发言。这些问题通常没有固定的答案，而是旨在激发思考和讨论。例如，领导可以询问："我们如何改进当前的工作流程？""在实施新策略时，我们可能会遇到哪些挑战？"这样的问题不仅能够引导参与者深入思考，还能够鼓励他们分享自己的见解和建议。

领导还可以通过邀请特定的个人发表意见来确保每个人都有机会参与。这可以是那些通常较少发言的团队成员，或者是在某个特定领域有专业知识的人。通过直接邀请他们分享观点，领导可以表明每个人的贡献都是受到重视的，并且鼓励更多的参与者在未来的讨论中发声。

为了进一步营造积极的讨论氛围，领导还应该确保会议中每个人的观点都得到尊重。这包括倾听不同的意见，即使这些意见与主流观点相悖。领导应该展现出对多样性和不同视角的欣赏，这样可以增强团队的凝聚力，并促进更全面的决策过程。

第六章

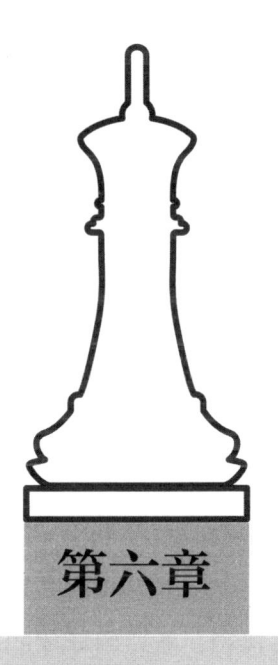

团队中的领航者：一点就通的进阶指南

1. 新晋领导的五重身份 🎯

没有执行，一切都是空谈。无论愿景多么美好，决策多么明智，如果没有实际行动，它们都只是纸上的空谈。缺乏执行力，任何伟大的目标和计划都会化为泡影。

只有通过实际行动去执行，新晋领导才能获得积极的结果，实现团队和个人的目标，创造出色的业绩。执行力是决定企业成败的关键力量，也是衡量管理者是否胜任的重要标准。真正的执行力意味着将创意转化为实际行动，进而将这些行动转化为具体成果。我的理解是：执行力代表着竞争力、战斗力、生产力和生命力。

当经理人上任后，他们必须重视执行工作。没有执行力，就无法取得业绩。因此，经理人需要确保团队成员明确目标，制订可行的计划，并持续跟进以确保任务得以完成。同时，他们还需要激励团队成员保持高昂的工作热情和动力，以便在面对挑战时能够坚持下去。

在执行力的问题上，管理者除了要以身作则，发挥带头示范作用之外，更多的是要扮演指导员工去执行的角色。从这一点上来说，管理者身上具有五重身份。

首先是教育者。加强对员工的教育是一个企业组织进行文化建设和团队建设的最基本手段,也是最关键的一种手段。通过教育,能够端正员工的工作态度,矫正员工的工作价值取向,并提升员工的个人修养。因此,如果一个新手管理者不能够有效利用教育这一手段去解决员工的态度问题和认识问题,那么采取的一切管理措施都将会大打折扣。我们看到,有些管理者,总是抱怨员工素质不高、境界太低、太关注眼前利益而缺乏长远抱负。殊不知,员工之所以出现这些"缺陷",恰恰是管理者的工作不到位,没有充分履行自己教育者职能的一个表现。

作为一名优秀的管理者,你应该认识到教育的重要性,并将其作为日常工作的重要组成部分。第一,你需要了解员工的个人特点和需求,制订个性化的教育计划。每个员工都有自己的优点和不足,只有通过深入了解他们的情况,才能更好地发挥他们的潜力。第二,你要注重培养员工的团队合作精神和沟通能力。在现代企业中,团队合作是不可或缺的一部分,只有通过良好的沟通和协作,才能实现共同的目标。第三,你还要注重培养员工的创新思维和解决问题的能力。在快速发展的市场环境中,只有不断创新和适应变化,才能保持竞争力。

除了以上提到的教育职能,作为一名管理者,你还应该关注员工的激励和发展。每个人都希望在工作中得到认可和奖励,因此你需要建立一个公平公正的激励机制,让员工感受到自己的努力得到了回报。同时,你也要为员工提供发展的机会和平台,帮助他们不断提升自己的能力和技能。

第二是培训者。在通常情况下,新上任的管理者在专业知识和技能、工作能力和经验等方面都会比下属员工更加优秀。因此,扮演培训者的角色,帮助员工提升自己的能力和素质,成为新手管理者的一项重要任务。

作为培训者，新手管理者需要通过传授知识和技能，引导员工不断学习和成长，你可以通过组织内部培训课程、邀请专家开办讲座或提供学习资源等方式，帮助员工不断提升自己的专业水平。同时，新手管理者还可以通过与员工进行一对一的指导和辅导，针对员工的个人需求和发展潜力，提供定制化学习计划和指导建议。

除了专业知识和技能的培训，新手管理者还应关注员工的工作能力和经验的培养。你可以通过组织工作坊、案例分析或模拟演练等活动，帮助员工提升解决问题的能力，以及团队合作和沟通技巧等方面的能力。

作为培训者，新手管理者还需要关注员工的个人发展。你可以与员工进行职业规划和发展方面的讨论，了解员工的兴趣爱好和职业目标，并提供相应的支持和指导。同时，新手管理者还可以为员工提供机会参加行业会议、培训课程和研讨会等，帮助他们拓宽视野、建立人脉，获取最新的行业动态。

第三是扶持者。教育和培训无疑是解决员工态度和技能问题的有效途径，它们为员工提供了必要的知识和技能基础。然而，这些培训并不能涵盖所有问题，尤其是那些在执行过程中可能遇到的突发事件和特殊情况。在这些时候，员工可能会感到迷茫和无助，需要有人在旁边提供指导和支持。

管理者作为扶持者，你的责任不仅仅是监督和评估员工的工作表现，更重要的是在他们遇到困难时伸出援手。这种支持并不是简单的批评或指责，而是通过观察和了解员工的工作情况，及时发现他们在工作中的不足，然后诚心诚意地帮助他们改正。这种帮助可以是提供解决方案、分享经验、鼓励和支持，甚至是直接介入解决问题。

为了更有效地扮演这一角色，你应该加强巡回管理，这意味着你需要走出办公室，深入工作一线。在那里，你可以直接观察到员工的工作状况，了解他们面临的挑战和困难。这种亲身体验不仅有助于管理者更准确地把握情况，也能够让员工感受到管理层的关心和支持，从而增强他们的归属感和工作动力。

当管理者在一线工作时，你可以及时帮助下属员工解决实际问题。这些问题可能涉及工作流程、设备使用、团队协作等多个方面。通过现场的帮助和指导，管理者不仅能够快速解决问题，还能够传授经验和知识，帮助员工提升自己的能力。

第四是教练员。通过前面的教育、培训和扶持，员工已经具备了一定的能力和素质，而教练员则能够进一步提升员工的潜力和能力。教练员角色对管理者提出了更高的要求，他们需要具备更高的领导力、沟通技巧和团队管理能力，以便更好地指导和激励员工。

教练员在运动场上扮演着培养冠军的角色，他们的职责是让运动员变得更加优秀，甚至超过教练员自己的水平。优秀的教练员可能并非世界冠军，但他们却有能力培养出冠军运动员。这是因为他们具备深厚的专业知识、丰富的经验和独特的教学方法，能够发现并挖掘运动员的潜力，帮助他们克服困难、提高技能，最终实现突破和成功。

同样地，当管理者具备教练员的素质和境界时，你的部门或团队的执行力也会自然增强。作为教练式管理者，你会更加注重员工的个人成长和发展，提供定制化的培训和指导，帮助员工提升专业技能和解决问题的能力。

教练式管理者还会注重建立积极的团队氛围和文化，通过有效的沟通和激励机制，激发员工的工作热情和团队合作精神。你需要倾听员工的需求和意见，及时给予反馈和支持，帮助员工解决工作中的问题和挑战。这样的管理者不仅能够提升员工的工作满意度和忠诚度，还能够促进团队凝聚力和执行力的提升。

最后是啦啦队队长。在体育比赛中，存在一个"主场效应"，即运动员在主场作战时往往会发挥得更好。这不仅是因为心理作用，还有一个重要原因是啦啦队的积极影响，他们现场的加油助威能让运动员有更加出色的表现。

因此，管理者在带领员工冲锋陷阵时，也应该扮演好啦啦队队长的角色。在工作中，对员工的每一点进步、每一个好的表现、每一份业绩都应该做出及时且由衷的肯定与赞美。这样的行为不仅能激励员工更加努力地工作，还能增强团队的凝聚力和向心力，使整个团队更加团结一致地朝着共同的目标前进。

作为啦啦队队长，你需要具备以下几个特点：第一，要有敏锐的观察力，能够及时发现员工的进步和优点；第二，要有足够的耐心和细心，对每个员工都给予充分的关注和关心；第三，要有良好的沟通能力和表达能力，能够用恰当的方式表达对员工的赞美和支持。

通过担任啦啦队队长的角色，你可以更好地激发员工的潜力和创造力，促进团队的协作和发展。同时，这也有助于建立良好的工作氛围和文化，使员工感到被重视和认可，从而更加积极地投入工作。

2. 摆脱越忙越乱的小妙招

很多新晋领导在一开始带领团队的时候，会经常遇到手忙脚乱、越忙越乱的情况。也许是有很多棘手问题需要处理，也许是团队的向心力一直不足，也许是上级派来的任务又多又杂，管理者如果没有充足的经验，往往会被打乱了阵脚，弄不好还会频频出错。

其实，有一个最简单也有效的办法就是"一次只解决一件事"，等解决完了这件再解决下一件，不要将杂事堆积到一起，或试图找出一个一劳永逸的办法，一揽子解决所有问题。

心理学研究揭示了一个引人深思的现象：在快乐这一情感体验上，普通人往往拥有比成功人士更为丰富的感受，而公司中的一般员工也通常比位居高位的总经理和董事长等高管感受到更多的快乐。这背后的原因是什么呢？

首先，我们需要认识到普通人和一般员工在日常生活中的思维模式。他们的生活相对简单，往往在同一时间只需专注于一件事情，或者少数几件事情。这种单一性使得他们能够更加投入和享受当前正在做的事情，而不会被其他繁杂的事务分散注意力。这种专注带来了更深刻的体验和满足感，从而促使内心产生了更多快乐。

相比之下，那些身处重要岗位、担任企业领导的人们，他们的生活和工作状态截然不同。他们常常需要在同一时间段内考虑和决定许多重要事项，这不仅要求他们具备高度的决策能力，还意味着他们的心智几乎时刻处于高度紧张的状态。这种持续的压力和紧张，无疑会削弱他们感受快乐的能力。

更为严重的是，这种高强度的工作状态往往是日复一日、年复一年的。每一天似乎都是对前一天的复制，没有太多的变化和新鲜感。长期处于这种状态，就像陷入了一个无形的陷阱，使得人们难以摆脱，越陷越深。在这种生活和工作的双重压力下，他们的大脑必须时刻保持警觉，那根紧绷的弦似乎永远无法放松。

在每个行业和每家公司中，都存在着许多需要深思熟虑并做出决策的事项。这些任务往往集中在管理者身上，他们不得不适应这种充满压力和繁忙的生活节奏。为了应对这种挑战，他们不断地锻炼自己在有限的时间内处理更多事务的能力，并将这视为工作和生活的必要部分。

然而，你可能不知道的是，这种高强度的工作方式对个人的身心健康造成了巨大的损害。根据英国的一项科学研究，那些经常需要同时处理两个或更多决策的人，其身体健康情况会低于平均值。此外，这种工作方式还以牺牲快乐为代价，这也是有些企业家财富积累越多，人们却感到越来越不快乐的一个重要原因。

专注于一次只解决一个问题，实际上是将注意力集中在最重要的事情上的一种延伸。这样做的目的是尽可能简化工作，使其更加单一化。通过这种方式，你不仅不会错过任何事情，反而会因为从紧张的工作中解脱出来而感到轻松愉快。同时，你还能从工作中体验到乐趣。

第六章 团队中的领航者：一点就通的进阶指南

当你尝试同时处理多个任务时，你的大脑会变得负荷过重，导致效率下降和错误增多。相反，如果你能够专注于一项任务，你将更有可能以更高的质量和更快的速度完成它。这种方法不仅可以提高你的工作效率，还可以减少因工作压力而导致的身体和心理健康问题。

此外，当你将注意力集中在一项任务上时，你也更容易进入一种被称为"心流"的状态。在这种状态下，你会完全沉浸在所做的事情中，忘记时间的流逝和外界的干扰。

为什么有些管理者在一整天的工作之后，常常感到精疲力竭且效率不高？这主要是因为他们没有学会"一次只服务一位旅客"的工作方法，即一次只专注于解决一件事情。他们常常试图同时处理多个任务，希望这样能展现出自己的高效率，但结果往往适得其反。

对于管理者而言，一次只解决一件事情是一种至关重要的工作法则。在纷繁复杂的事务中，如果能够一次集中精力只做一件事，你就能更加冷静、专注地将手头的事情处理得井井有条。然而，如果你在工作中总是心浮气躁、见异思迁，试图一下子完成所有的事情，那么你只会像"狗熊掰棒子"一样，掰一个，丢一个，最终无法完成任何事情，弄不好整个团队都会受到负面影响。

这种一次只解决一件事情的方法，不仅有助于提高你的工作效率，还能让你在工作中保持更好的心态。当你将注意力集中在一件事情上时，会更加投入其中，从而更容易找到解决问题的方法和思路。这样，你就能在更短的时间内完成任务，节省出更多的时间和精力去处理其他事情。

相反，如果你试图同时处理多个任务，你的思维会不断跳跃，导致你无法集中精力思考问题。这种情况下，你很容易犯错误或者遗漏重要的细节，从而影响工作质量和效率。此外，频繁的任务切换也会让你感到疲惫不堪，因为你的大脑需要不断适应新的环境和要求。

嘉信理财的董事长兼 CEO 施瓦布曾经强调过专注的重要性。他明确表示自己不会同时考虑很多不同的想法，而是选择一个或少数几个领域并深入研究。这种专注的态度对于我们每个人都是非常有益的。

每个人的时间有限，精力也有限。因此，你需要学会如何合理地分配自己的时间和精力。好钢要用在刀刃上，一次只解决一件事情，并不意味着你要对其他的事情视而不见，甚至忽略掉。相反，这要求你要学会集中目标，不轻易被其他事情左右。

3. 让下属更忠心于你的方法

在职场中，下属犯错时，直属领导的态度往往决定了团队的氛围和凝聚力。大部分情况下，有些领导似乎总是尽量避免与错误沾边，仿佛这样就能保持自己的完美形象。然而，这种避之唯恐不及的态度实际上并不明智。

首先，我们必须认识到一个基本的事实——在工作过程中，做的越多就越容易犯错，这是无法避免的。因为只有真正投入工作中，去尝试、去实践，才可能遇到问题和挑战。而领导的职责是管理，往往不直接参与具体的事务处理，因此自然不容易犯错误。但是，如果一旦出现

第六章 团队中的领航者：一点就通的进阶指南

问题，你就急于撇清责任，那么你的形象就会大打折扣。

想象一下，一个领导在面对问题时总是推卸责任，那么他在下属眼中会是什么样子？无疑，他会被视为一个没有责任心、没有能力的"等闲之辈"。这样的领导，怎么可能会赢得下属的尊重和信任呢？下属们又怎么可能心悦诚服地跟随他呢？

第二，基层或中层领导的上级也不会对这种行为坐视不理。他们需要的是能够承担责任、有魄力、能解决问题的得力助手，而不是一遇到问题就退缩的"懦夫"。因此，那些能够为下属扛责任的领导，不仅会得到下属的拥戴，还会让上级领导看到自己的魄力和及时纠正问题的能力。

更重要的是，有领导为自己撑腰，下属才会有团队归属感。他们会觉得自己的工作有价值，自己受到了尊重。这种感觉是非常宝贵的，它能够激发下属的积极性和创造力，让他们更加自觉地投入工作中。相反，如果领导遇事就退缩或逃避，那么下属自然也不会顾及什么情面，他们可能会变得消极怠工，甚至产生离你而去的念头。

基层管理者也有领导，你的领导也在观察着你。领导的目光如炬，你的领导风度、责任感以及对下属的关怀是否得到他们的支持和尊重，这些都逃不过领导的眼睛。这并不是说你需要替下属承担过错，而是应当帮助他们认识到错误的本质，并指导他们如何进行改进。

另外，当你主动承担责任时，下属往往会更加积极地与领导一同寻找问题的解决办法。因为只有这样，他们才能回报你的包容和支持。这种做法不仅能避免对团队造成更大的影响，也是一种明智的选择。通过共同面对问题，团队的凝聚力和解决问题的能力都会得到提升。

还有一种情况，就是你的下属不慎惹怒了其他部门领导或你的领导，作为中间管理者的你，也不能选择逃避。无论下属是对是错，你都应先站出来承担责任。因为在领导面前，你毕竟有一定的地位和影响力，你的介入可以有效缓解紧张气氛。

第三，你要记住一个要点，那就是绝对不能迁怒于下属。因为迁怒于下属并不能解决问题，反而会让下属感到更加委屈和无助。你应该尊重下属，让他们知道你是在为他们着想。这样，他们才会对你更忠心，干起事来也更积极主动。

当然，我们所说的为下属犯错"买单"绝对不是让你吃哑巴亏。等"战火"熄灭后，你要找到当事人仔细详谈，将事情的来龙去脉搞清楚，让下属认识到错误所在，正视问题，并保证不会再犯，或是及时补救。假如，下属犯的错误很大，应该受到处罚，那么你也不要手软，不然，他就不会长记性，还琢磨着下次再犯时有你当"背锅侠"呢。

无论如何，你都需要记住一点：在领导岗位上，必须以整体利益为重。如果只考虑个人利益，将无法获得团队的认可和尊重。因此，你应从大局出发，关注团队的整体利益和发展。

4. 授权时，你需要避免三点

众所周知，授权在管理中的重要性不言而喻。然而，让管理者真正将权力下放给下属，却并非易事。实际调查显示，大多数组织中的管理者只在大约 10% 的工作任务中进行了授权。但在实际工作中，管理者的一些工作习惯和认识上的盲点，往往导致授权的效果大打折扣。那么，授权过程中究竟存在哪些盲点呢？管理者又该如何避免这些盲点，从而最大限度地激发下属的潜力和活力呢？

盲点 1：以自我为中心的工作习惯。

在管理岗位上，许多人对于让下属做出对自己有影响的决定感到不适应。然而，作为一位优秀的管理者，必须认识到自己无法独立完成所有任务。合理的授权不仅能减轻自己的工作负担，还能激发团队的活力和创造力。

有些管理者可能会认为自己比下属更能干，这种情况尤其在那些具有较强工作能力的管理者中更为常见。他们可能会觉得亲力亲为才能保证工作的高质量完成。然而，这种做法实际上可能会限制团队成员的成长和发展，甚至导致他们形成依赖性和怠惰。例如，一个项目经理总是亲自处理所有的项目细节，而不给团队成员机会去尝试和学习，这样长期下来，团队成员可能会失去主动解决问题的能力。

另外，有些管理者可能认为某些具体的技术或专业性工作只有他们自己能做。这种思维模式对组织是有害的。如果一个团队或组织中的某项关键任务只能由一个人完成，那么这个人一旦不在，整个组织的运作可能会受到影响。因此，管理者应该培养团队成员的技能，确保关键任务有多人能够胜任。例如，一家软件开发公司的技术总监不应只依赖于自己编写核心代码，而应培训其他工程师也具备这项能力。

盲点 2：对授权条件要求苛刻。

合理地将任务授权给具备相应才能的人是至关重要的，这种授权方式不仅基于个人能力，还应着眼于整个团队的效能提升。例如，在一个项目中，如果一个团队成员在数据分析方面特别出色，那么将相关任务分配给他无疑会提高团队整体的工作效率和成果质量。

然而，有时管理者可能因为下属的拒绝而对授权失去信心。这种拒绝可能缘于多种原因，如担心自身经验不足或对管理者的授权方法不满意。在这种情况下，管理者需要运用自己的经验来解决问题，比如通过提供额外的培训或调整授权策略来增加下属的信心和满意度。

此外，对于新入职的下属，管理者可能会犹豫是否应该授权。有效的管理不仅需要认识到经验丰富的员工的价值，同时也要看到新员工的潜力和价值。例如，一个新加入的团队成员可能对最新的市场趋势有独到的见解，授权他参与相关的市场分析项目，不仅可以帮助他快速成长，也能为团队带来新的视角和思路。

授权过程实际上是一个双向的学习与成长过程。在这一过程中，授权者和被授权者共同承担责任，共同面对挑战，从而促进彼此的发展。例如，当一个项目遇到障碍时，授权者和被授权者可以一起探讨解决方案，这样的合作不仅能够增强团队的凝聚力，也能够提升每个成员的问题解决能力。

盲点3：工作目标模糊。

还有一个常见的误区是管理者认为自己的参与总是必要的，尤其是在那些看似简单的工作中。他们可能将这些任务视为举手之劳，因而忽略了将它们授权给下属的重要性。然而，这种观念不仅浪费了管理者宝贵的时间，还可能导致对下属的过度照顾，进而削弱他们的自主能力和解决问题的技巧。

第六章　团队中的领航者：一点就通的进阶指南

例如，一位经理可能会发现自己经常介入日常的行政工作，如审查报告或安排会议，认为这些任务简单而直接。但是，当这些任务成为经理的日常负担时，它实际上剥夺了下属学习和成长的机会。这不仅减缓了团队的整体发展，还降低了工作效率和员工的满意度。

另外，有些管理者由于个人喜好，倾向于保留自己喜欢的任务而不将其分配出去。特别是技术型管理者，他们可能对自己精通的领域情有独钟，却忘记了他们的主要职责是确保团队整体的成功和效率。例如，一个热衷于编程的技术经理可能会选择自己完成代码审查，而不是指导下属完成审查工作。这种行为虽然可以理解，但最终会限制团队的潜力，因为下属缺乏机会去挑战自己并提升技能。

追求完美也是管理中的一个陷阱。许多管理者认为所有工作都应达到最高标准，这种期望虽然能提升工作标准，但在实际操作中往往不切实际。例如，对于一个即将上市的产品，管理者可能会要求每个细节都必须完美无缺。然而，这种高标准可能会导致决策迟缓和创新受阻，员工会因为害怕犯错而不敢尝试新的方法。实际上，很多情况下"好就够了"，不必追求每一件事都做到完美。

最后，区分强影响和弱影响的工作对于有效的管理和授权至关重要。强影响工作通常涉及长期战略，如人力资源规划、系统设计或员工培训，这些任务对公司的未来发展有着深远的影响。而弱影响工作则更多关注日常操作和短期任务。通过明确这两类工作的区别，管理者可以更有效地分配资源和责任，确保关键领域得到足够的关注，同时允许日常工作在团队内部流畅进行。

高效的授权不仅是一种艺术，更是展示杰出领导才能的重要方式，同时也是管理团队的关键所在。要想在实际操作中避免授权的常见误区，确保每位团队成员都能承担起最大的责任，这需要授权者具备成熟的思维、对团队成员的深厚信任、出色的沟通技巧以及坚定的信心。

在初期，你可能需要投入大量的时间去深入了解团队和每个成员，这是一个必要的过程。但随着这些障碍逐渐被消除，你将发现自己有更多的时间专注于自己的工作职责，从而成为一名真正高效的管理者。

5. 小团体搞分裂的解决办法

在现代企业组织中，许多管理者和公司领导层经常会面临一个棘手的问题：下属员工在公司内部形成小团体。这种现象往往引发管理层的担忧，因为他们认为这种拉帮结派的行为可能会对组织的整体效率产生负面影响，甚至可能导致各个小团体之间产生矛盾和冲突。

然而，我们必须认识到，并不是所有的小团体都对公司有害。事实上，人类作为一种社交动物，具有强烈的归属感和群体意识。因此，当公司规模扩大，员工人数增多时，小团体的产生几乎可以说是不可避免的。这些小团体可能是基于共同的兴趣、目标或者工作需求而自然形成的，它们在一定程度上有助于增强员工之间的联系和合作。

作为管理者，面对这种情况，你所需要做的并非简单地禁止或打压这些小团体的存在，而是应该更加智慧地利用和适度分化这些小团体。

简单来讲可以分两步走，即"利用"和"分化"。

首先说利用。当然，这里所说的利用可不是阴谋般的利用，而是利用团队成员各自的特点。

你可以通过深入了解每个小团体的特点和动态，发掘它们的优势和潜力，进而将其转化为推动公司发展的重要动力。你需要采取一系列措施，以促进小团体之间的合作与交流，从而提升整个组织的创新能力和执行力。

第一，你可以通过组织定期的团队建设活动，鼓励小团体成员之间的合作与交流。这些活动可以是团队培训、工作坊或团队拓展训练等，旨在加强团队成员之间的沟通和协作能力。通过这些活动，小团体之间可以更好地了解彼此的优点和特长，从而找到最佳的合作方式，提高工作效率和质量。

第二，可以模拟建立一个知识共享平台，鼓励小团体成员积极分享自己的知识和技能。这个平台可以是内部论坛、知识库或在线学习平台等，旨在促进团队成员之间的知识传递和学习。通过知识共享，小团体成员可以互相借鉴和学习，提高自身的专业能力和技术水平，从而为公司的发展贡献更多的创新思维和解决问题的能力。

第三，你还可以通过激励机制来激发小团体成员的积极性和创造力。例如，设立奖励制度，对于在团队合作和知识共享方面表现突出的个人或小团体进行表彰和奖励，以鼓励他们继续发挥优势和潜力。同时，管理者还可以提供适当的资源和支持，如培训经费、技术设备等，以满足小团体成员在工作中的需求，帮助他们更好地发挥自己的才能。

再来说说分化。这里所指的分化并不是要故意制造团队间的不和，而是要精心管理和调整策略，确保这些小团体之间能够形成一种稳定而均衡的格局。这种策略的核心在于避免任何一个小团体因为过于强大而可能在无意或有意中影响公司的决策过程和日常运营，从而维护整个组织的健康发展。

你可以采取一系列措施来促进小团体之间的公平竞争。首先，建立一个公平的竞争机制至关重要。这可以通过确保所有团队都能够平等地访问关键资源，如信息、资金和支持等方式来实现。此外，你应该确保所有团队都有机会展示他们的工作，并对他们的成就给予认可。

通过这些方法，不仅能够鼓励小团体之间的健康竞争，还能够激发员工的积极性和创造力。当员工感觉到他们所在的团队被赋予了公平的机会和挑战时，他们更有可能投入更多的热情和努力，以实现个人和团队的目标。这种积极的竞争环境有助于挖掘员工的潜能，促进创新思维，最终推动公司的整体发展和进步。

简单来讲，公司内部有小团体不可怕，可怕的是你对这些小团体失去控制。因此，你所需要做的就是制衡，也就是利用和分化两步走。

第七章

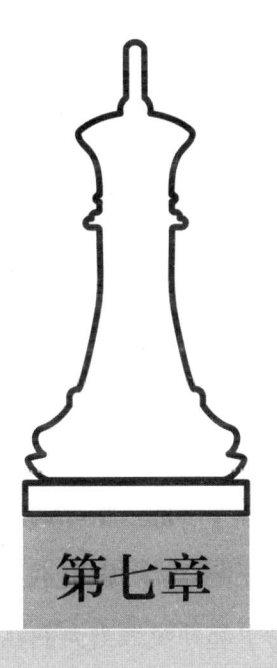

如履薄冰：新晋领导千万要注意

1. 切忌背后议论他人

在日常工作中，我们常常会遇到一些人喜欢在背后议论他人。然而，这种行为实际上是一种不好的习惯，无论是对于普通员工还是管理者来说，它都会给个人和团队带来负面影响。

首先，这种行为容易引起冲突。当人们在背后议论他人时，他们可能会传播不实信息或误解，导致其他人对被议论者产生错误的判断。这可能会引发不必要的争执和矛盾，破坏团队的和谐氛围。

其次，这种行为会破坏员工个人的人际关系。当一个人被发现在背后议论他人时，他的形象和信誉可能会受到损害。其他人可能会对他失去信任，不再愿意与他合作或分享信息，这会对个人的职业发展和团队合作造成不利影响。

最后，这种行为对人对己都没好处。在背后议论他人不仅会伤害被议论者的感情，也会让自己陷入不必要的麻烦中。相反，我们应该尊重他人的隐私和尊严，以积极的方式与他人进行沟通和交流。

某公司销售部门的员工小张，经常在背后议论其他同事的工作表现和私生活。起初，这种行为并未引起大家的注意，但随着时间的流逝，这些议论逐渐传到了被议论者的耳中。被议论者感到受到了伤害，开始对小张产生不满。这种不满很快蔓延到整个团队，导致团队内部人际关系紧张，工作效率下降。最终，公司领导注意到了这一问题，决定辞退小张以维护团队的和谐与稳定。

另一个部门的经理老杜，也有着类似的习惯。他不仅在背后议论他人，还经常在会议上公开批评下属。这种行为使得他的下属对他产生了强烈的反感和不信任。随着时间的推移，老杜的下属小刚开始寻找机会取代他的位置。他通过努力工作、积极表现，逐渐获得了公司领导的认可。最终，在一次重要的项目机会面前，小刚凭借出色的表现赢得了公司领导的青睐，成功取代了老杜的位置。

还有一个中层领导佘经理，他在背后议论他人时总是小心翼翼的，生怕被人发现。然而，他忽略了一个事实——职场中的人际关系错综复杂，很难保证自己的言行不被他人知晓。有一次，佘经理在背后议论一位即将晋升的同事，结果这番话被另一位有职务晋升想法的下属听到。这位下属利用这个机会，将佘经理的言论传播开来，导致佘经理的形象大打折扣。最终，在公司晋升考核中，佘经理因为失去了同事的信任和支持而未能获得晋升的机会。

另外一种情况就是面对那些喜欢在背后评论他人的人，你一定要保持自己的正直与坦荡。正如古语所说："来说是非者，必是是非人。"你不能轻易地认为那些传播是非的人是出于对你的信任，他们很可能只是想从中得到更多的隐私信息，甚至从你的反应中编造出更多的故事。

当听到关于自己的是非后，你不应该失去理智，乱发表意见。相反，你应该控制自己的情绪，保持头脑冷静、清醒。这样，你才能更好地应对这种情况，避免陷入不必要的纷争和困扰之中。

如果你遇到了这种情况，你可以采取一种平和而理智的态度来回应。比如你可以说："啊，是吗？人家有表示不满、发表意见的权利嘛。"这样回答既表达了我们对对方言论的尊重，又没有直接卷入是非之中。另外，你也可以说："谢谢你告诉我这个消息，请放心，我不会在意的。"这样的回答既表明了你对对方的感激之情，又显示了你的大度和从容。

通过这样的回应，对方会感到无空子可钻，他就不会再来纠缠不休了。因为他知道，你已经看透了他的用意，并且不会被他左右。这样一来，你就可以避免被卷入是非之中，保持自己的清白和正直。

在职场中，我们常常会遇到一些喜欢三五成群地聚在一起说别人长短的人。他们总是想保密，不走漏风声，但世上没有不透风的墙，总有一天他们的所作所为会显露出来。若被人揭露了，只怕不好收场。

老顾与老林是同事，有一次，老顾对老林说："老林，我总觉得那个新来的小子为人有点儿太认真了，简直到了顽固的地步，你说是不是？"谁料，老林一听老顾的话顿生反感，说："老顾，我先问你，我在背后和你议论我的好朋友，他要是知道了，会不会和我反目为仇？"老顾一听这话，脸"刷"地一红，不吭声了。原来老林与"那个新来的小子"是朋友，关系很好，毕业于同一所大学，属于校友。老顾根本不了解这一层关系，背后议论别人，结果撞在枪口上。暂且不提以后的相处，就当时的情景，也够让人尴尬了。

因此，在职场中，千万不要在背后说人是非。你应该拒绝传播同事间的闲言碎语或流言蜚语。如果你觉得有问题或者心有不满，应该摆在桌面上，以便大家共同解决，这样才能建立一个和谐、公正、透明的工作环境。

在职场上，你还应该注意到，有些人会利用别人的隐私或者弱点来攻击别人。这种行为是非常不道德的。你应该尊重每个人的隐私和尊严，不要轻易去冒犯别人的权利。同时，你也要学会保护自己的隐私和权益，不要让别人轻易伤害到我们。

人们常说："人人背后有人说，背后人人在说人。"这反映了一个普遍现象：很多人喜欢在背后议论他人。但为何要选择在背后说呢？有人觉得当面评价别人会让对方生气，产生敌意，而在背后评论则相对安全，因为自己处于隐藏状态。然而，如果背后的言论泄漏出去，原本的幕后者就可能变成众矢之的。

对于爱在背后说人是非者，大家通常会与其保持距离。这些人往往有一个坏习惯——散布谣言，他们可能今天说某人家庭不和，明天又传某人有健康问题。这些谣言有时只是为了消遣，有时却隐藏着更深的意图。

这种行为不仅伤害了别人，也破坏了团队内部的和谐。我们应该意识到，每个人都可能在背后被人议论，这是正常的社交现象。但重要的是，我们要有辨别是非的能力，不被谣言所惑，也不去传播未经证实的消息。

2. 切忌乱开玩笑

我们都知道，适当的玩笑能够有效地调节气氛，对人际关系的发展具有不可估量的作用。然而，如果不恰当地开玩笑，则会带来不必要的麻烦。因此，在开玩笑时，你一定要注意场合和对象。

首先，你要选择合适的场合来开玩笑。在一些比较正式的场合，如在会议、面谈时，开玩笑可能会被认为是不尊重他人的行为，甚至会引发不必要的冲突。因此，在这些场合下，你应该保持严肃的态度，避免开不当的玩笑。

其次，你还要注意选择适合的对象来开玩笑。有些人可能对某些话题比较敏感，如果你不顾及他们的感受而随意开玩笑，可能会引起他们的不满或误解。因此，在开玩笑之前，你应该先了解对方的性格和喜好，确保我们的玩笑不会触及对方的底线。

某公司部门经理小张在一次团队聚会上，为了活跃气氛，开了几句涉及同事个人隐私的玩笑。虽然当时大家笑声不断，但事后这些玩笑被当事人视为不尊重，导致团队内部出现裂痕。最终，公司领导得知此事，综合考核结果和部门反馈，认为小张缺乏领导力和团队管理能力，将其边缘化，不再委以重任。

另一家公司的小李是个风趣幽默的人，但他有时把握不好分寸，在正式会议上也忍不住开玩笑。一次，他在汇报工作时突然插入一个与议题无关的笑话，让在场的领导和同事们感到莫名其妙。类似行为逐渐影响了他在领导心中的形象，导致他失去了晋升的机会。

某企业的小王喜欢与下属打成一片，经常在工作中开一些无伤大雅的玩笑。然而，他忽略了不同人对玩笑的接受程度不同。一次，他说的玩笑话触及一位下属的敏感点，导致该下属情绪低落，工作表现受到影响。公司领导得知后，认为小王缺乏同理心和管理能力，专门找他谈话，要求他向当事人道歉。

第七章　如履薄冰：新晋领导千万要注意

李华和周杰是公司里出了名的好朋友，他们之间友情深厚，经常以开玩笑的方式增进彼此的感情。有一段时间，两人因为各自忙碌的工作而未能见面，当再次相聚时，他们会用幽默的方式打招呼，比如说："你还没'走'呢？"对方也会回应："我可是等着给你送行呢！"这样的对话总能引得两人大笑，气氛轻松愉快。

然而，一次不幸的事件改变了这一切。李华因健康问题住进了医院，周杰得知后决定去探望他。在病房里，周杰想借助他们惯用的玩笑方式打破沉闷的气氛，便开玩笑说："你还没'走'呀？"但这一次，李华的反应却出乎周杰的意料，他脸色一变，愤怒地说："出去，你给我出去！"这让周杰感到非常尴尬，只得默默地离开了病房。

事后，周杰意识到自己的错误。他明白，在病房这样一个特殊的场合，他的玩笑话显得非常不合时宜。李华正承受着身体和心理的双重压力，而周杰的玩笑无疑加重了他的负担。

其实，周杰的初衷只是想让李华感到开心，想通过幽默的方式来缓解他的病痛。但他没有考虑到场合和李华的感受，最终导致了这次不愉快的经历。

这个故事充分说明了，有些人在交流中引起他人不满的原因并非语言表达能力方面的问题，而是他们对不同场合的敏感度不够。因此，对于这些人来说，提升自己对场合的认知和理解变得尤为重要。他们需要明白，在不同的场合下，对说话的内容和方式都有特定的限制和要求。这就要求他们在任何时候都不能忽视场合的重要性，而应该时刻注意自己的言行是否得体。

此外，开玩笑也是沟通交流中的一个重要环节。然而，在开玩笑时，你必须要注意对象。特别是对于领导，你更应该慎重。因为如果不小心开错了玩笑，可能会让交谈双方都陷入尴尬，甚至影响到双方的关系。这并不是说你不能和领导开玩笑，而是要把握好分寸，确保玩笑既能活跃气氛，又不会让人感到不适。

任何事情都要有度，开玩笑也一样，要讲究分寸，否则，便会适得其反。开玩笑时，我们应考虑场合、对象以及可能产生的后果，避免开过火、伤人自尊或侮辱人格的玩笑。

第一，过火的玩笑是不可取的。例如，有人为了逗乐，假装成陌生女子给男同学打电话，导致男同学的妻子误会，引发一场家庭争吵。这种玩笑不仅伤害了他人的感情，还给人留下了轻率的印象。因此，在开玩笑时，你一定要考虑到对方的感受，避免过度的行为。

第二，伤人自尊的玩笑也是不可接受的。有些人不顾及他人的感受，当众叫朋友的别名，如"矮子""傻瓜"等，这种行为是建立在别人痛苦之上的，会引起他人的反感。每个人都有自己的尊严和自尊心，你应该尊重他人，避免用这种方式来开玩笑。

第三，侮辱人格的玩笑更是不能容忍的。有些人看到姓朱的朋友，会故意大喊"猪八戒"，或者看到属猴的人称之为"猴头"。这种玩笑不仅伤害了他人的自尊，还给人一种没有素质的印象，容易引起朋友的厌烦。

总的来说，无论你与对方的关系有多熟悉（尤其是在职场中），开玩笑都要有分寸。你要根据场合、对象来判断是否适合开玩笑，该庄重的时候就应该庄重，千万不要戏耍别人。特别是对一些不太喜欢开玩笑的人，最好不要随便开玩笑，以免引起不必要的误会和冲突。而那些觉得自己很幽默的人，也应该时刻反思自己的行为，时常问问自己："开这么一个玩笑合适吗？会不会冒犯人？"只有当你真正考虑到对方的感受，才能更好地与他人相处，建立和谐的人际关系。记住这一点，无论你今后是带团队还是晋升职务，都大有帮助。

3. 切忌与领导称兄道弟

尽管你已经是一个小团队的领导了，但你的上面还有更大的领导，因此在领导面前，你也需要注意，千万不可得意忘形，不要因为一时得意而对领导"没大没小"，更不要和领导称兄道弟。

在职场中，领导对下属的器重是一种难得的荣誉，它不仅代表着对你工作能力的认可，也意味着你有更多的机会参与重要的项目和会谈。然而，在这样的环境中，保持适当的职业分寸显得尤为重要。

首先，你要明白，尽管领导可能会展现出平易近人的一面，但他们同样需要维护自己的权威和威严。这种威严不是简单的权力展示，而是确保团队秩序和效率的关键因素。因此，当领导带你出席各种社交场合时，他们期望你能以专业、得体的形象出现，而不是过于随意地与交往对象称兄道弟。

其次，当众与领导过于亲近的行为，如称兄道弟，可能会无意中削弱领导的威信。这种行为虽然看似无害，却可能被其他同事视为不尊重或轻视领导的表现。一旦这种风气蔓延，可能会导致整个团队的纪律松散，甚至不再重视领导的指令，这对任何组织来说都是极其危险的。

再者，如果因为这种行为导致领导的工作越来越难以开展，那么领导很可能会开始寻找问题的根源。当他们发现是你破坏了他们的威严时，即使你们之前的关系再好，你也难以避免被疏远，甚至面临被辞退的风险。这是因为，无论私下关系如何亲密，职场中的专业形象和尊重是不可或缺的。

最后，你应该认识到，真正的职场智慧不仅仅是完成工作任务，更在于如何在复杂的人际关系中保持恰当的平衡。这意味着，即使与领导私交甚好，你也要在公共场合中保持一定的距离和尊重。这样既能维护领导的威严，也能确保自己在职场中的形象和地位不受损害。

李明轩加入某某科技公司仅数周，便因其卓越的工作表现赢得了高层的特别关注，并有望在下一季度的考核中升任经理。在一个普通的工作日，部门主管张海波将李明轩召至办公室，用一种近乎兄弟般的亲切口吻对他说："我把你当作自己人看待。如果发现有人做出对公司不利的事，希望你能直接向我反映，不必通过其他人。"

这番话让李明轩感到无比荣幸，他心想："看来张主管真的很看重我，连这种私密的话都愿意跟我说！"心中不禁涌起一股得意之情。

不久后，张海波带李明轩去见一位重要的客户，并让他在宴请客户时帮忙应酬。李明轩或许是因为太过兴奋，酒过三巡之后，他热情地拉着张海波的手，大声说："来，咱们兄弟干一杯！"尽管张海波面无表情地饮下了酒，但之后并未多言。

随后的几次社交场合中，李明轩依旧与张海波称兄道弟，举止亲密，却未察觉场合不当。最终，因为一次小失误，李明轩被公司解雇。

第七章　如履薄冰：新晋领导千万要注意

我们始终要记住一点，领导的威信和尊严至关重要。或许你在生活中可能不拘小节，但在职场上，对领导的称呼却很可能影响到你的职业生涯。每个人都渴望得到尊重，都有一定的虚荣心。与领导称兄道弟可能会给人留下一种越级的印象，这在职场中是不被允许的。

领导们通常希望保持一定的权威和尊严。虽然有些领导口头上表示不介意下属的称呼，但内心深处，他们可能会对这种不敬的行为耿耿于怀。因此，作为下属，你在公众场合应该时刻牢记自己的身份，不要因为盲目自信而表错情、会错意。

在职场中，与领导建立良好的关系固然重要，但你应该通过恰当的方式表达敬意和尊重。称呼领导时，最好使用正式的职务或尊称，以显示对他们的尊重和认可。同时，你也要避免在公共场合过于亲昵地称呼领导，以免给他人留下不好的印象。

小张、小王和小刘原本是同一家公司同一个部门的同事，他们之间的关系非常融洽，经常以兄弟相称。后来，小刘因为表现出色被提拔为部门经理，成了小张和小王的直接上司。为了庆祝小刘的晋升，整个部门的人聚在一起吃饭。

当轮到小张给小刘敬酒时，他仍然像以前那样亲切地称呼小刘为"刘哥"，小刘回应了一句"好兄弟"，然后与小张碰杯，一饮而尽。小张心中涌起一股暖流，说："经理还是我熟悉的那个刘哥。"

后来，小王私下对小张说："我们应该开始称呼刘哥为'经理'了，毕竟现在的身份和以前不同了。"小王说得严肃认真，但小张并没有放在心上。小张依然坚持叫小刘"刘哥"，而小王则始终恭敬地称呼小刘为"经理"。

不久之后，小刘因为工作表现出色，再次被提升为公司的副总经理，留下了部门经理的空缺。同事们都认为这个职位非小张莫属，小张自己也对此充满信心，因为他的业务能力在团队中是最强的。然而，当任命书发布的时候，大家都惊讶地发现，新任部门经理竟然是小王。

这个决定让所有人都感到意外，小张更是无法接受。他找到总经理询问原因，总经理告诉他："这次任命是小刘的建议。小刘说你很有能力，但他提到你似乎不够尊重领导。"原来问题出在一个称呼上，小张的心里顿时充满了懊悔和痛苦。

几天后，小张完成了辞职手续，前往经理室向小刘告别。小刘一再表示对小张的惋惜。这让小张回想起小刘升迁后，他们三人的那次"秘密聚会"。那天，小刘也说了很多，强调他们三人依然是好兄弟，不需要太在意职位高低。当时，小张深信不疑，并深受感动，谁知道那只是场面话而已。

在职场中，同事间的关系可能会因为职位的变动而产生变化。当一位同事成为你的领导时，他在职务上自然显得比你高一些。面对这样的变化，你需要坦然接受并适应新的角色关系。

尽管领导也需要朋友，但他们更渴望得到下属的尊重和认可。因此，在与领导相处时，你可以保持私下的友好关系，但在公共场合，必须给予对方应有的尊重和敬意。这不仅是对领导的尊重，也是对职场规则的遵守。

当你在公共场合给予领导足够的面子和尊重时，他自然会对你产生好感，并在适当的时候给予你更多的关注和支持。这种相互尊重的关系有助于建立良好的职场氛围，促进团队的和谐发展。

总之，无论同事之间的关系多么稳固，一旦对方成为你的领导，你都需要调整自己的心态和行为，以适应新的角色关系。通过给予领导应有的尊重和敬意，你不仅能够维护自己的职业形象，还能够赢得领导的信任和好感，为未来的职场发展打下坚实的基础。

4. 切忌打小报告

在职场这个充满竞争的环境中，我们时常能见到一些人喜欢在背后悄悄地向领导反映同事的情况，这种行为通常被称为"打小报告"。这种现象的出现，往往是由于职场中的竞争压力所引发的。

首先，你要明白，只要有职场的地方，就必然会有竞争存在。这种竞争可能表现为工作表现的差异、职位的晋升等。有些人在工作中表现得更为出色，而有些人则相对落后，这都是正常的职场现象。然而，关键在于你如何看待这种竞争，以及如何应对。

面对竞争，你应该保持一个平和的心态。这意味着你要接受自己和他人的差异，不要因为别人表现比你好就心生嫉妒，也不要因为别人表现不如你就沾沾自喜。同时，你还应该真诚地对待同事，尊重他们的努力和付出，而不是通过打小报告的方式来打压他们。

打小报告不仅会贬低你的人格，还会破坏你与同事之间的关系。当你选择向领导反映同事的情况时，往往会基于一些片面的信息或者误解，这会导致领导对同事产生不必要的偏见，进而影响到团队的和谐氛围。而一旦同事发现了你的行为，他们很可能会对你产生不信任，甚至疏远你，这对于你的职业发展无疑是一种损失。

"小报告"通常包含一些负面的、上不得台面的信息，用这种方式来反映问题，显然是心理阴暗者惯用的一种打击别人、贬低同事的伎俩。这种做法不仅破坏了同事间的信任和友谊，也严重影响了团队的凝聚力和工作效率。

如果有同事打了你的小报告，你会怎么想呢？你一定很愤怒，是吧？所以，将心比心，如果你向领导打其他同事的小报告，同事也会像你一样生气。

李明从海外学成归来后，成功加入了一家国际知名企业，担任项目经理的职位。在新的工作环境中，他与产品开发部的张婷婷交流最为频繁，张婷婷比他早加入公司三年。由于李明对公司的运作和项目流程还不够熟悉，他经常向张婷婷寻求建议和帮助。

然而，让李明没有想到的是，张婷婷虽然表面上总是一副乐于助人的样子，但私下里却将他一些无意的小失误夸大后报告给总经理，使得总经理对李明的印象大打折扣。原本因为不熟悉业务而犯的错误本可以被理解，但在张婷婷的"加工"下，这些小错误在领导心中变成了能力不足的表现。这对刚刚空降过来的李明来说极为不利。

面对这样的困境，李明决定采取积极的沟通策略。

一次午餐时间，在公司食堂，李明诚恳地对张婷婷说："张姐，我刚加入公司不久，虽然职务是经理，但您也知道，我是空降过来的。我从您这里学到了很多宝贵的经验。但作为新人，我难免会有些小疏忽，

第七章 如履薄冰：新晋领导千万要注意

请您多多指教，如果看到我哪里做得不对，请立刻指出来，帮助我及时改正。这份工作对我很重要，我非常希望能够在您的帮助下带领团队完成公司安排的任务。"

回想起自己刚开始工作时的种种不易，以及自己对李明的不妥行为，张婷婷感到有些内疚，她回应道："你的表现已经很不错了，我们一起努力进步吧。"

这次真诚的对话之后，张婷婷不再向总经理打李明的小报告。随着时间的推移，李明的表现也越来越出色，最终顺利带领团队完成了任务，并得到了公司的正式聘用。

张婷婷这类喜欢打小报告的同事，往往是出于一种心理上的不平衡。他们通过向上级报告同事的错误，并加以夸张描述，试图显示自己的忠诚或是优越性。

如果李明直接质问张婷婷为何要背后说他的坏话，很可能会遭到否认，并使双方关系更加紧张。这样做可能会让他在还未正式成为团队一员时就树立了敌人，对未来的工作极为不利。

在与张婷婷的沟通中，李明的措辞十分得体：首先感谢张婷婷的帮助，让她感到被尊重和重视；接着提出希望她继续监督和指导自己，通过"如果看到我哪里做得不好，请立刻告诉我"等话语暗示他已经意识到她的小动作，间接提醒她以后不要再这样做。这种温和而谦逊的沟通方式不仅表达了自己的不满，还给对方留下了面子。面对李明这样委婉的提醒，张婷婷自然不好意思再继续打小报告，毕竟经常诋毁一个管理层身边的人对她自己也没有好处。就这样，李明巧妙地解决了职场上的一个小危机。

在职场中，第一印象对个人形象和职业发展至关重要。一旦形成，想改变它可能会面临很大挑战。因此，你需谨慎行事，避免给同事留下不良印象。特别是与不同部门的合作中，由于利益冲突或误解，你可能无意中得罪了某些同事。如果这些同事心胸狭窄，他们可能在领导面前散布不利于你的谣言，破坏你辛苦建立的良好形象。面对这种情况，你应保持冷静，积极沟通以消除误会，并通过实际行动证明自己的能力和价值。同时，建立良好的人际关系网络也有助于我们在遇到困难时获得支持。为了避免别人打小报告而给你造成伤害或损失，你需要记住以下三点。

第一，谨言慎行，不授人以柄。谨言慎行是至关重要的，这意味着你要注意自己的言行举止，避免给他人留下可以利用的把柄。毕竟，职场本质上是一个由各种人际关系构成的"人场"，每个人都不是孤立的存在。只要你能够做到谨言慎行，自然就不会给他人留下任何可以借机发挥或利用的空间。

想象一下，如果你遇到了一个说老实话、行老实事、襟怀坦荡、正直无私的人，这样的人在为人处世时会恪守规则，尊重他人。即使有一些心怀不轨的人想要对他们进行诬陷或攻击，也会因为找不到任何把柄而难以得逞。因此，与这样的人相处，你可以更加放心地展现自己真实的一面，而不用担心被误解或利用。

同时，谨言慎行也有助于你远离是非之源。在职场中，有时候会有一些不正当的竞争或利益冲突。如果你能够保持清醒的头脑，坚守自己的原则和底线，就不会轻易被这些负面因素影响。这样，你就可以避免职场中的龃龉和纷争，为自己创造一个更加和谐、稳定的工作环境。

当然，要做到谨言慎行并不容易。它需要你时刻保持理智，注意自己的言行举止是否符合职业道德和社会规范。同时，你也需要不断学习和提升自己的专业素养和人际交往能力，以便更好地应对职场中的各种挑战和机遇。

第二，积极行动，先发制人。面对可能出现的"恶人先告状"情况，被诬陷的人如果能够提前采取措施进行自我保护，并积极地将事情的真相客观、详细地呈现出来，让公司的同事和上级都能对此有一个清晰的认识，那些试图通过偷偷摸摸的方式提供虚假信息以及背后的各种不实之词等都将被有效地阻止。这样一来，不仅能够避免自己受到不公正的对待，还有可能逆转局势，让自己处于一个更加有利的位置。

第三，有理有据，针锋相对。在面对谗言和恶意攻击时，保持冷静和理智至关重要。首先，要深入调查并收集确凿证据，确保反击的合理性和有效性。其次，针对那些故意制造事端、散播谣言的人，应直接锁定他们为目标，通过公开讨论的方式揭露其真实面目。在此过程中，要大胆揭露他们的谎言和诽谤行为，坚决批驳其错误观点和不实言论。同时，还要贬斥他们背后所隐藏的不可告人的卑劣行径，让人们看清他们的真面目。这样，那些所谓的"恶人先告状"的材料和"肺腑之言"就会失去市场，不攻自破。

5. 切忌过于实在

俗话说："逢人只说三分话，不可全抛一片心。"这句话在职场生活中尤为重要。每个人都会有心事，但你不能随便对人倾吐。因为心事往往涉及个人隐私和情感，如果随意说出来，可能会让你的软肋暴露在别人面前。

在职场上，你应该谨言慎行。当别人看透或者知道你的心事的时候，你可能会失去一些优势。如果对方能在保守秘密这个问题上处理得当，就不会出现因秘密泄露而使事情复杂化。因此，当你准备滔滔不绝地向同事诉说你的心事时，请先确定自己是否找对了人。

如果你的心事已经不吐不快，一定要弄清楚：这件心事可以对他讲吗？谨慎选择倾诉心事的对象，是对自己的保护。因为心事往往会显露一个人的脆弱之处，而这种脆弱之处又会改变别人对你的印象。

在职场上，你要学会保护自己。不要轻易把自己的心事告诉别人，特别是那些不太熟悉的人。因为一旦你的心事被泄露出去，可能会给你带来不必要的麻烦。所以，当你准备倾诉心事时，一定要慎重考虑。

陈芳是一个性格急躁的老板。有一次，他在未充分了解事实的情况下，对下属业务部的经理张强发起了脾气，这让张强感到十分委屈，甚至都想哭了。

下班后，人事部的经理刘华和张强一起去吃饭，刘华安慰他说："老板今天确实有点儿过头了，你别太往心里去，别难过了。"张强情绪再次激动起来，泪水滑落："我真的不明白，这件事情怎么能怪我呢？这么大一个项目，分配下去，再执行落实好，总得有个过程吧，他突然就要求立刻看到成果，我能怎么办？"

刘华急忙劝慰："唉，谁让他是老板呢，老板一不高兴，别说我们的经理之位了，可能连工作都不保。还是忍一忍吧。"张强更加伤心地

第七章 如履薄冰：新晋领导千万要注意

说："怎么忍啊？他也不问清楚事情就乱发火，谁能受得了啊。别看老板在公司里威风凛凛，那天我看到他和一位年轻女士非常亲密，肯定是有外遇。哼，年纪一大把还不老实！整天就知道对我们这些下属发脾气，真是缺乏领导的风范。"

听到这儿，刘华没有多说什么，只是轻轻一笑。

一周后，张强突然接到通知，他被调到后勤部门负责物资管理。

张强为什么会突然被调岗？难道是因为老板之前对他发脾气的事？原来是张强在饭桌上的无心之言，被刘华原原本本地告诉了老板。

心理学家强调，当人们有心事时，应该勇于表达出来，避免情绪在内心积压，可能导致身心健康问题。然而，倾诉时需谨慎选择对象，因为虽然你可能只是想发泄一下情绪，并没有其他意图，也没有想要伤害任何人，但是听者可能会误解你的意图。因此，你在倾诉时一定要小心，避免你所说的"心里话"在未来对自己造成麻烦。

在人们有心事的时候，通常会有寻求他人理解的渴望。这种欲望可能会让人们在遇到看似理解自己的人时，一时情绪失控而将心事全盘托出。然而，如果当时没有考虑倾诉的安全性，那么只能等待后悔的后果。

心事是非常私人和敏感的事情，不应该随意向任何人透露。即使是与自己关系非常密切的人，也应该在向他们倾诉之前仔细思考对方是否值得信任。因为一旦你的心事被泄露出去，可能会给你带来不必要的麻烦和困扰。

倾诉的对象最好是自己的家人，抑或是不同行业的好同学，切忌向同行或同公司的人倾诉，无论对方是你的平级还是你的下属。

第八章

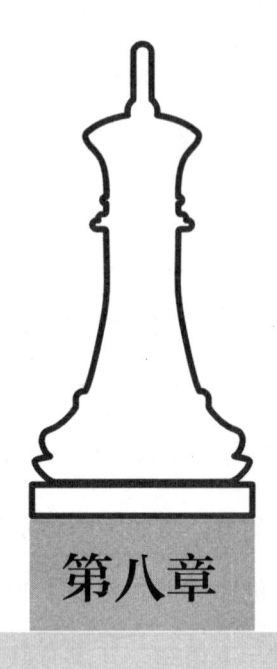

职场进阶：小领导的晋升智慧

第八章　职场进阶：小领导的晋升智慧

1. 从管理者向领导者实现转变

不要以为你现在只是基层的小领导就自怨自艾，因为随着你事业的不断发展，你终有一天会更上一层楼。

然而，令人感到困惑的是，接下来的路要怎么走？怎样才能让自己成为一个真正的、合格的领导者，好让别人看到自己的领导才能，从而实现职场飞跃呢？

其实，办法非常简单。就和从普通员工到基层领导的晋升一样，首先你得转变自己的思维，从一个简单的基层管理者转变成能挑大梁的领导者。简单来讲，就是三步走。

第一步，从专才到通才。

许多初出茅庐的领导者，比如你，在面临职业生涯中的重大转变时，往往选择留在自己最为熟悉和擅长的领域。这种倾向是人们在面对未知和变化时常有的自然反应。然而，对于那些已经步入发展期的领导者来说，你所面临的挑战已不再是专业领域内的技术性问题，而是更为复杂的跨部门间的协调与整合问题。或许你已经成为某个事业部或区域公司的掌舵人，你需要面对的是如何在不同部门之间建立有效的沟通机制，处理综合性矛盾与冲突。

要想在竞争激烈的商业环境中获得进一步的晋升，比如进入公司的最高管理层，你必须完成从专才到通才的转变。这意味着你不再仅仅是某一领域的专家，而是要成为能够全面理解并领导各个职能部门的多面手。这样的转变不仅要求你对财务、营销、运营、人力资源、研发和技术等各部门的业务有更深入的了解，还要求你能够熟练运用各部门的专业语言，以便在跨部门的沟通中发挥桥梁和纽带的作用。

在这个过程中，你需要具备足够的智慧和勇气，去识别自己在哪些领域可能存在不足，并积极寻找解决方案来弥补这些短板。这包括学习新的管理技能、增强团队协作能力，或是提升战略规划的水平。只有这样，你才能在经营决策中做出真正有利于整个公司发展的选择。

从专才到通才的转变并非易事，它要求你跳出自己的舒适区，拥抱新的知识和挑战。在这个过程中，你会遇到挫折和困难，但正是这些经历能够塑造你，让你成为更加全面的领导者。通过不断的学习和实践，你将能够更好地理解不同部门的工作方式和需求，从而在组织内部建立起更加紧密和谐的工作关系。

此外，作为通才型领导者，你还需要在保持自身专业性的同时，培养对其他领域的敏感度和洞察力。这不仅能够帮助你在跨部门合作中发挥更大的作用，还能够使你在处理复杂问题时更加得心应手。例如，一个懂得财务知识的领导者，在制定营销策略时，能够更准确地评估预算和成本效益；而一个了解技术的运营经理，则能够在推动创新和提高效率方面发挥关键作用。

第二步，从被动到主动。

在企业的发展期，能够晋升到中高管理层的员工，通常都具备出色的解决问题的能力。他们能够迅速应对各种挑战，化解危机，就像消防队员一样，随时准备扑灭突发的"火灾"。然而，真正的优秀领导者并不仅仅满足于这样的角色。他们知道，要想引领团队和企业持续发展，就必须从被动应对问题转变为主动预防问题。

以张经理为例，他在公司任职多年，凭借敏锐的洞察力和高效的执行力，成功解决了多个紧急项目难题，因此被提拔为部门经理。但张经理并没有满足于此，他知道仅仅解决问题是不够的。于是，他开始深入研究业务流程，寻找可能存在的潜在风险点。通过与团队成员的紧密合作，他们共同制定了一套完善的预防措施，有效避免了多次潜在的业务风险，使得部门的业绩稳步提升。

李总监的经历也颇为相似。作为技术部门的负责人，他原本只需关注技术开发和问题解决就行了。但他意识到，技术的前瞻性规划同样重要。因此，他主动与市场部门沟通，了解未来趋势，提前布局新技术研发，使得公司在市场竞争中始终保持领先。

这些案例表明，优秀的发展期领导者不仅具备解决问题的能力，更重要的是他们能够预见未来，主动出击，消除隐患。他们深入了解业务的每一个环节，聚焦关键问题，通过主动思考策略和措施，确保企业的稳健发展。这种转变不仅提升了个人的职业素养，也为企业带来了长远的利益。

希望你也是如此。

第三步，从跟随标准到制定标准。

在职业发展的早期阶段，无论职位高低，职场人的主要职责往往偏向于执行上级的指令和服从组织的安排。他们像精密的齿轮一样，按照既定的规则和流程运转，确保整个组织的稳定性和高效率。然而，随着职业生涯的发展，特别是当他们晋升为事业部或区域公司的领导者时，他们的角色发生了根本性转变。

作为领头羊，你不再仅仅是秩序的守护者，而是需要成为传统的颠覆者。你必须有能力带领团队看到新的愿景，抓住新的机遇，并创造出前所未有的业绩高峰。这意味着，你需要勇于打破常规，敢于挑战现状，以推动组织的创新和发展。

或许，对于习惯了遵守规则和维持秩序的你来说，保持组织的平稳有序往往是你最大的成功。你可能不太喜欢变化，更不能接受混乱。在危急时刻，你可能会被动地接受改变，但很少会主动寻求变革。然而，一个优秀的领导者却会对这种四平八稳的状态感到不安。你要像他们一样，总是试图制定新的规则，形成新的突破，打破一成不变的沉闷。虽然新规则可能会在组织中引发一定程度的"混乱"，但正是这种"混乱"，为组织的创新和发展提供了空间。

例如，某科技公司的新任CEO上任后，发现公司内部存在着严重的创新不足问题。为了激发员工的创新精神，他大胆地打破了原有的层级制度和工作流程，推行扁平化管理和敏捷开发模式。虽然一开始引起了一些混乱和抵触，但随着时间的推移，员工们逐渐适应了新的工作方式，公司的创新能力也得到了显著提升。

另一个案例是某零售企业的中层管理者，他在晋升为区域负责人后，意识到原有的销售策略已经无法满足市场的变化。于是，他果断地调整了销售策略，引入了新的营销手段和渠道。虽然这导致了短期的销售波动，但最终却成功打开了新的市场，提高了整体的销售业绩。

以上两个例子表明，优秀的领导者不仅能够应对变化，还能够主动寻求变革。他们不畏惧混乱和挑战，而是将其视为推动组织前进的动力。

因此，在职务晋升的过程中，你需要从执行者转变为颠覆者，勇于打破常规，引领组织走向新的高峰。

2. 狐狸和刺猬，谁更拥有大智慧

职务晋升进入发展期，作为部门的最高管理者，要实现从战术家向战略家的蜕变，你需要具备一种战略思维能力。

战略思维能力是对关系事物全局的、长远的、根本性的重大问题，进行分析、综合、判断、预见和决策的思维能力。这种能力让人们跳出眼前纷繁复杂的细枝末节，立足全局进行思考，面向未来做出决策，抓住关键解决问题。

在职业发展中，你需要具备战略思维能力来应对各种挑战和机遇。具体而言，你需要能够看到整个组织或部门的大局，并能够从长远的角度考虑问题。这意味着你能够分析、综合和判断各种信息，以便做出明智的决策。此外，战略思维能力还要求你具有预见性，能够预测未来的发展趋势和可能出现的问题，并提前做好准备。只有这样，你才能在关键时刻抓住机会，解决关键问题。

在古希腊流传着这样一个寓言故事，在这则寓言中，狐狸被描绘成一个行动迅速、脚步飞快、精于算计的动物。它总是在刺猬的巢穴周围徘徊，设计了无数复杂的策略，准备偷偷向刺猬发动进攻。而刺猬则显得毫不起眼，走起路来一摇一摆，看起来总是呆头呆脑。在这场看似不平等的战斗中，狐狸似乎胜券在握。

然而，事情并没有按照狐狸的预期发展。尽管狐狸一直在伺机埋伏，但刺猬却总能在关键时刻保护自己。当狐狸猛地向前扑去时，刺猬立刻蜷缩成一个圆球，浑身的尖刺指向四面八方。这使得狐狸无法攻破刺猬的防御，只能无奈地撤回到森林里。

但是，狐狸并不甘心就这样放弃攻击刺猬的计划。它开始更加精细地盘算，想出了各种出其不意的进攻方式。然而，每次当刺猬缩成圆球时，狐狸就不得不败下阵来。这样的进攻和防御上演了很多次，无论狐狸如何绞尽脑汁，屡战屡胜的总是刺猬。

这则寓言让我们不禁思考：狐狸和刺猬，谁更具备战略思维呢？

哲学家以赛亚·伯林在他著名的小品文《刺猬与狐狸》中，对这个问题给出了他的看法。他认为，人可以分为刺猬和狐狸两种类型。狐狸同时追求很多目标，把世界当作一个复杂的整体来看待。它的思维是凌乱或者扩散的，在很多层次上发展，但从来没有集中成为一个总体理论或统一观点。

相反，刺猬则有一个中心思想或原则，它们的生活和行动都围绕着这个中心展开。这种思维方式使得刺猬在某些情况下能够更好地应对挑战。

回到我们的寓言中，我们可以看到狐狸就像伯林所说的那样，它有很多策略和计划，但它的思维是凌乱的，没有形成一个统一的原则。而刺猬虽然看起来呆头呆脑，但它却有一个明确的防御策略——当遇到危险时，它会立刻蜷缩成一个圆球，用尖刺保护自己。

这样看来，虽然狐狸在表面上看起来更聪明、更有策略思维，但实际上还是刺猬更懂得如何在关键时刻保护自己。

尽管刺猬在外表上看起来并不如狐狸那样机智灵活，但它们却拥有一种简单而有效的防御策略，那就是蜷缩成一团。这种看似简单的动作，却蕴含着深刻的智慧。

首先，刺猬的防御策略具有极高的普适性。无论是面对狡猾的狐狸，还是其他各种天敌，刺猬都能通过蜷缩成一团来保护自己。这种策略不仅简单易行，而且效果显著。相比之下，狐狸虽然知道很多事情，但却往往因为过于复杂而无法找到最有效的解决方案。这就是刺猬比狐狸更高明的地方。

其次，刺猬的防御策略体现了一种深刻的哲学思想。在面对复杂的外部世界时，刺猬并没有试图去掌握所有的知识和技能，而是选择了一个基本原则，即蜷缩成一团来进行防御。这种原则虽然简单，但却能够发挥以不变应万变的指导作用，帮助刺猬应对各种复杂的情况。这正是刺猬比狐狸更高明的地方。

最后，刺猬的防御策略还体现了一种有穿透性的洞察力。刺猬能够看透复杂事物，识别出隐藏的模式。这种能力使得刺猬能够在面对各种复杂情况时，迅速做出正确的判断和决策。相比之下，狐狸虽然知道很多事情，但却往往因为缺乏这种洞察力而无法做出最有效的决策。这也是刺猬比狐狸更高明的地方。

在人类历史上，所有产生过重大影响的大师，他们的最大贡献并不仅仅在于建立了多么复杂的思想体系；相反，他们真正的伟大之处在于能像刺猬一样，通过一个核心概念将复杂的世界简化，使混沌的思想变得明朗。弗洛伊德的潜意识理论、达尔文的进化论、爱因斯坦的相对论以及亚当·斯密的"看不见的手"理论，都是能够引领人们破除迷雾、直达本质的杰出范例。

从战术家到战略家的转变，要求你抛开企业经营中的众多细节，将时间与头脑更多地放在事关企业或组织兴亡的根本性问题上。这需要你具备战略性思维能力。只有把复杂的世界简化为简单的、有组织的观点，才能透过纷繁复杂的细节，对关系全局的、长远的、根本性的重大问题进行分析和谋划。

3.加强你的战略思维

在职业晋升进入发展期，你可能会面临新的挑战。曾经，你或许以战术见长，但现在你需要具备一定的战略思维。那么问题来了，该如何锤炼自己的战略思维能力呢？具体要怎么做呢？

其实办法也非常简单，简而言之还是三步走。

第一步，你需要具备焦点切换能力，即能够在不同的问题和领域之间迅速切换注意力。这样，你就能够更全面地了解业务运营的各个

方面，并做出明智的决策。

焦点切换能力是一种重要的思维技巧，它允许你在不同的分析层面之间灵活地移动。这种能力要求你能够识别何时应该深入细节，以及何时应该从更广阔的视角来观察问题。在全局的视角下，你需要确定各个细节的重要性，以便更好地理解它们对整体目标的影响。

"细节决定成败"这一说法广为流传，强调了在某些情况下，微小的细节可能会起到决定性作用。就像一句古话所说，"千里之堤，毁于蚁穴"。这意味着一个小小的疏忽可能会导致整个系统的崩溃。然而，这种说法的前提是，你的全局性战略必须是正确和有效的。只有在战略方向正确的前提下，细节的重要性才会显现出来。如果你在战略上犯了根本性错误，那么无论在细节上做得多好，你都无法改变最终的失败结果。

古人曾说："不谋全局者，不足以谋一域；不谋长远者，不足以谋一时。"这句话强调了全局思维的重要性。你不能仅仅关注眼前的小利益，而忽视了长远的大目标。同样，你也不能只关注局部的问题，而忽视了整体的协调和发展。因此，你需要在细节层面和全局层面之间不断切换，以便更好地理解每一个小决策如何影响整体的战略布局。

在实际应用中，焦点切换能力可以帮助你更好地处理复杂的问题。例如，在企业管理中，你需要同时关注公司的日常运营和长期发展战略。你需要在处理日常琐事的同时，不忘思考公司的未来发展。

同样，在生活中，你也需要运用焦点切换能力来处理各种问题。例如，当你面临职业选择时，需要同时考虑个人的兴趣和市场需求。你不能仅仅因为某个行业热门就盲目跟风，也不能仅仅因为自己喜欢某个工作就不考虑市场的实际情况。你需要在个人兴趣和市场需求之间找到一个平衡点。

比如，某公司的销售经理小张在一次产品推广活动中，发现了一个潜在的客户群体。他通过深入的市场调研和分析，发现这个客户群体对公司的产品有着强烈的需求。然而，由于公司的整体战略是专注于高端市场，这个客户群体并不符合公司的定位。小张意识到，如果只关注细节，而忽视了全局，他将无法为公司带来真正的价值。于是，他向上级汇报，并提出了一个调整战略的建议。最终，公司决定将这个客户群体纳入目标市场，并取得了显著的销售业绩。小张因为具备焦点切换能力，不仅关注到了细节，还能够在全局层面上做出正确的决策，从而获得了晋升的机会。

再比如，某公司的项目经理小李负责一个重要的项目。在项目执行过程中，他发现某个细节问题可能导致项目延期。然而，他并没有立即采取行动来解决这个细节问题，而是首先考虑了整个项目的进度和资源分配情况。他意识到，如果过于关注这个细节问题，可能会导致其他更重要的任务被忽视。因此，他决定暂时放下这个细节问题，将精力集中在其他更紧急的任务上。最终，项目按时完成，并且没有出现任何重大问题。小李因为能够在细节层面和全局层面之间灵活切换，成功地推动了项目进展，也获得了晋升的机会。

第二步，培养重点识别能力。

在当今这个信息爆炸、商业现象纷繁复杂的时代，具备重点识别能力对每个人来讲都很重要。这种能力使得个体能够在众多信息中迅速区分出哪些是关键的重点，哪些仅仅是偶然的变化，从而有效地将有用的信号与无用的噪声分离开来。

荀子曾经深刻地指出："主好要则百事详，主好详则百事荒。"这句话揭示了一个深刻的道理：如果领导者能够善于抓住事物的关键，提纲挈领，那么其余的所有事情都会得到妥善的安排和处理；反之，如果领导者试图事无巨细地管理一切，那么往往会导致事情的处理不尽如人意，甚至导致事业荒废。

在带领团队的过程中，面对的事务千头万绪，错综复杂。在这种情况下，只有紧紧抓住重点，才能确保对全局的把握。一旦失去了对重点的把握，那么也就意味着失去了对整个局面的控制，正所谓"一着不慎，满盘皆输"。

因此，对于积极实现职业发展的领导者来说，培养和提升自己的重点识别能力都是非常重要的。这不仅能够帮助你更好地理解和处理复杂的问题，还能够使你在面对各种挑战时，能够迅速作出正确的决策，从而确保企业的稳定和发展。

在实际操作中，你可以通过多种方式来锻炼和提升自己的重点识别能力。例如，你可以定期进行反思和总结，分析自己在处理各种事务时的得失，从而找出自己在识别重点方面的不足，并针对性地进行改进。此外，你还可以学习和借鉴其他成功领导者的经验和方法，不断丰富和完善自己的知识和技能体系。

第三步，多点模拟能力也是不可或缺的。

多点模拟能力是一种强大的工具，它能够帮助你预料到竞争对手、监管者、媒体、公众等外部各方对企业决策的可能反应。这种能力的核心在于通过预测这些外部各方的行动和反应，提前找到最佳的应对办法，从而确保团队在决策落地过程中能够顺利应对各种挑战。

你需要明白的是，要想完成领导者晋升之路，你必须拥有站在关联方角度分析问题的能力。

在企业经营中，与外部各方的互动是一个不断变化的过程。无论是竞争对手的动态、监管机构的政策变化、媒体报道的影响还是公众舆论的压力，都会对企业的决策产生影响。因此，提前模拟各方的反应，并预先制定好配套策略，对于减少决策落地过程中的各种阻力至关重要。

在多点模拟能力的应用中，企业（或者说管理者）可以通过建立模型来模拟不同情况下的各方反应。这些模型可以基于历史数据、市场趋势、行业动态等多种因素进行构建。通过运行这些模型，企业可以预测在不同决策下，竞争对手可能会采取的行动、监管机构可能会出台的政策、媒体可能会进行的报道以及公众可能会产生的反应。

在预测的基础上，企业可以进一步制定相应的应对策略。这些策略可以包括调整产品定价、改进营销策略、加强与监管机构的沟通、积极回应媒体报道等。通过提前制定这些策略，企业可以在决策落地过程中更加从容地应对各种挑战，减少因反应不及时或不准确而产生的负面影响。

除了预测反方反应和制定应对策略之外，多点模拟能力还可以帮助企业在决策过程中更加全面地考虑各种因素。通过对外部各方反应的模拟，企业可以更好地评估决策的风险和收益，从而做出更加明智的选择。同时，多点模拟能力还可以帮助企业发现潜在的机会和威胁，从而提前做好准备，抓住机遇并规避风险。

然而，要充分发挥多点模拟能力的作用，企业还需要建立一套完善的信息收集和分析体系。这包括对外部各方的信息进行及时、准确地收集和整理，以及对模拟结果进行深入分析和解读。只有借助这样的体系，企业才能更好地利用多点模拟能力，提高决策的准确性和有效性。

4.打造核心竞争力，让你无可替代

  自古以来，黄金在各个时代都是财富的象征。如今，作为最重要的国际"货币"，黄金的地位更是至高无上。那么，黄金有哪些特质让它如此备受青睐呢？如果只用一个词来概括，这个词是什么？是稀有、珍贵，还是耐高温、耐腐蚀、不生锈，抑或是质地软、易切割？

  首先，黄金是一种有限的资源，地球上的黄金储量有限，而人类对黄金的需求却不断增长。这种供需矛盾使得黄金成为一种稀缺的资源，从而增加了其价值。此外，黄金的开采和提炼过程也相当复杂且费用很高，这进一步提高了黄金的价格。因此，黄金的稀有性使其成为人们争相追求的财富象征。

  其次，黄金作为一种贵金属，具有独特的光泽和质感，给人一种高贵和奢华的感觉。在古代，黄金被用来制作皇室和贵族的饰品和器物，象征着权力和地位。即使在现代社会，黄金饰品仍然被视为一种高档的消费品，受到人们的喜爱和追捧。此外，黄金还被用于制造金币和金条等投资品，被投资者视为一种稳健的投资选择。

除了稀有性和珍贵性，黄金还具有一系列特殊的物理性质，使其在各个领域都有广泛的应用。黄金具有耐高温、耐腐蚀的特性，使其成为电子工业中重要的材料之一。黄金的导电性能优越，被广泛应用于电子设备中的连接器、导线和电路板等部件。此外，黄金还具有良好的延展性和可塑性，可以被加工成各种形状和尺寸的制品。这些特性使得黄金在航空航天、医疗器械和珠宝制造等领域都有着重要的应用。

然而，黄金之所以备受青睐的根本原因还是其不可替代性。经济学家凯恩斯曾指出："黄金在我们的制度中具有重要作用，它作为最后的'卫兵'和紧急需要时的储备金，还没有任何其他的东西可以替代它。"这句话揭示了黄金的独特地位。在经济危机或政治动荡时期，人们对货币的信心可能会动摇，而黄金作为一种实物资产，具有稳定的价值和广泛的接受度。因此，黄金被广泛认为是避险资产，可以在不确定的经济环境中提供保护。此外，黄金还是国际储备的重要组成部分，被各国央行持有以应对金融风险和汇率波动。

在当今激烈的职场竞争中，每个人都渴望成为能够发光的"金子"，在众多竞争者中脱颖而出。然而，要想真正实现这一目标，就必须拥有一种难以被替代的功能，这就是个人的核心竞争力。让我们回到底层的个人职业发展来看看这个问题，回到思考问题的底层逻辑能力，是一个优秀领导者不可或缺的能力，这将使他具有更广阔的视野，不会被眼前的利益得失所蒙蔽。其实，无论是对于员工还是领导者来说，核心竞争力都是最重要的一项能力。

美国学者普拉哈拉德和哈默曾深入探讨过核心竞争力的概念。他们认为，核心竞争力是一种不易被竞争对手效仿的、具有竞争优势的、独特的知识和技能。这种竞争力并非一蹴而就，而是需要个人在长期的学习和实践中不断积累和提升。它可能是你在某个领域的专业知识，也可能是你解决问题的独特思维方式，还可能是你与人为善的人际交往能力。无论是哪种能力，只要它能够让你在工作中展现出独特的价值，那么它就构成了你的核心竞争力。

打造个人核心竞争力的过程，其实是一个自我提升和自我完善的过程。你需要不断地学习新知识、掌握新技能，以便在遇到内部变革和外部竞争时，能够有足够的底气和实力去应对。同时，你还需要注重培养自己的创新意识和团队协作精神，因为这些都是现代社会对人才的基本要求。

值得一提的是，核心竞争力并非特指某种单一能力。正如黄金之所以能够击败其他贵金属成为国际货币，是因为它集成了稀有、珍贵、耐高温、耐腐蚀、不生锈、质地软、易切割等一系列品质。同样，个人的核心竞争力也是由多种能力相互叠加而成。这些能力可能包括你的专业技能、沟通能力、领导能力、创新能力，等等。只有当这些能力相互配合、相互补充时，才能形成一种强大的合力，让你在职场中始终立于不败之地。

美国管理学领域的权威人物吉姆·柯林斯在他的研究中揭示了一个有趣的现象。他注意到，那些能够从优秀跃升为卓越的公司，并不是仅仅依靠一些零散的想法或者简单的策略来构建自己的竞争优势；相反，这些公司的核心竞争能力来源于对三个关键要素交叉点深入的理解。

吉姆·柯林斯的这一发现不仅仅适用于企业层面，它同样可以为个人提供指导。在个人职业生涯发展中，我们也可以借鉴这种思路，通过深刻理解并实践这三个关键要素的交集部分，来塑造和提升自己的核心竞争力。这意味着，个人需要在自己的工作岗位上，不断地探索和深化对这三个关键要素的理解，以此来构建自己独特的、难以被替代的价值和能力。

那么问题来了，是哪三个关键要素呢？

你需要思考的第一个关键要素是，所选的职业是否能够充分展现自己的天赋。每个人都有自己独特的才能，但同时也不可避免地存在一些难以克服的弱点。

有些人在人际交往中表现得如鱼得水，他们擅长与人沟通、建立关系，但在面对数字和计算时却显得力不从心。而另一些人则可能在处理复杂的计算机程序时游刃有余，但在与客户沟通时却始终无法让对方明白自己产品的优势。这些例子都说明了一个道理：每个人都有自己的长处和短处，而且这些长处和短处往往是相互交织、不可分割的。

因此，如果你想要在职业发展上取得显著的成就，关键并不在于一味地去弥补自己的短板，而是应该尽可能地发挥自己的长处。这并不是说你可以忽视自己的弱点，而是要有一个清晰的认识——你应该将更多的精力投入自己擅长的领域，通过不断的学习和实践来提升自己的专业技能和知识水平。

那些在职业生涯中取得非凡成就的人，他们并不是完美无缺的，他们也有自己的弱点和不足。但他们之所以能够取得成功，是因为他们了解自己的优势所在，并且努力将这些优势发挥到极致。他们知道自己的长处在哪里，并且善于利用这些长处来解决问题、创造价值。

第二个关键要素是你需要明白，一个人所从事的工作必须能够为其及其家庭提供稳定的经济支持。这不仅仅是为了解决当下的生活需求，更是为了保证在未来的日子里，随着社会的发展和个人技能的提升，这份工作能够带来更大的经济回报和发展空间。

换言之，你所选择的职业应当是当前社会所需要的，甚至是未来社会发展的关键所在。这样的职业往往与社会经济发展紧密相连，它们不仅能够为个人带来物质上的满足，更能在市场中体现其独特的价值。因为只有当一个职业"被需要"时，它才能真正地发挥其作用，为社会创造价值，同时也为从业者本身带来应有的回报。

第三个关键要素是你需要深入思考两个关键问题，即"我对什么职业感兴趣"以及"我想做什么"。这两个问题的答案将直接影响你的职业选择和未来发展。霍兰德职业兴趣理论为我们提供了有力的指导，它强调了兴趣在职业发展中的重要性。根据这一理论，一个人如果选择了与自己兴趣相符的职业，那么他将会充满奋斗的热情。这种热情不仅能够激发我们的潜能，还能帮助我们在面对困难和挑战时，做到勇往直前，全力以赴。

因此，在选择职业时，你应该认真考虑自己的兴趣所在，并结合实际情况，制订出符合自身发展的计划。同时，你也要保持对新事物的好奇心和学习态度，不断提升自己的能力和素质，为未来的职业生涯做好充分的准备。只有这样，你才能在职业道路上不断前行，实现自己的人生价值。

天赋，即个人所擅长的技能和才能，是自己"能做的事"。这包括了个人的智力、情商、创造力等方面的优势。在职业生涯中，发挥自己的天赋可以让你更加高效地完成任务，取得更好的成果。

赚钱，即个人在职场上为了生存和发展而必须完成的工作，是自己"要做的事"，这包括为了获得报酬而承担的职责和义务。在职业生涯中，你需要不断地提升自己的技能和知识，以满足职场的需求，从而实现稳定的收入。

热情，即个人对某项工作或领域的热爱和兴趣，是自己"想做的事"。这包括了个人的兴趣、激情和追求。在职业生涯中，追求自己真正热爱的事业可以让你更加投入和满足，从而提高工作效率和创造力。

将"要做的事"和"能做的事"整合成"想做的事"，意味着在职业生涯中，你需要不断地发掘自己的潜能，将个人的兴趣和擅长的技能与职场需求相结合，从而实现个人的价值和成就感。同时，持续扩大"能做的事""要做的事"和"想做的事"三者重合的部分，可以使你在职业生涯中不断提升自己的核心竞争力，实现更高的成就和满足感。

明白了这一点，相信你对自己未来的晋升之路将会有一个更清晰的认识。

不要小看自己，别看自己目前还只是基层领导，俗话说"万丈高楼平地起"，要相信自己，只要不断打造自己的核心竞争力，你将会在职场中获得满满的安全感，因为你"不可替代"。

你不仅要成为那个"不可替代"的员工，更要成为那个"不可替代"的领导。